全国专业技术人员新职业培训教程

工业互联网工程技术人员
工业互联网基础知识

人力资源社会保障部专业技术人员管理司　组织编写

中国人事出版社

图书在版编目（CIP）数据

工业互联网工程技术人员：工业互联网基础知识/人力资源社会保障部专业技术人员管理司组织编写．--北京：中国人事出版社，2022

全国专业技术人员新职业培训教程

ISBN 978-7-5129-1536-7

Ⅰ．①工⋯　Ⅱ．①人⋯　Ⅲ．①互联网络-应用-工业发展-职业培训-教材　Ⅳ．①F403-39

中国版本图书馆CIP数据核字（2022）第194623号

中国人事出版社出版发行

（北京市惠新东街1号　邮政编码：100029）

*

保定市中画美凯印刷有限公司印刷装订　　新华书店经销

787毫米×1092毫米　16开本　11.25印张　169千字

2022年12月第1版　2022年12月第1次印刷

定价：30.00元

营销中心电话：400-606-6496

出版社网址：http://www.class.com.cn

版权专有　　侵权必究

如有印装差错，请与本社联系调换：（010）81211666

我社将与版权执法机关配合，大力打击盗印、销售和使用盗版图书活动，敬请广大读者协助举报，经查实将给予举报者奖励。

举报电话：（010）64954652

本书编委会

指导委员会

主　　任：高金吉

副 主 任：鲁春丛　黄河燕

委　　员：张启亮　庞松涛　贺东东　陈　霆

编审委员会

总 编 审：王宝友

副总编审：高银阁　孙楚原　陈　硕

主　　编：许大涛

副 主 编：张玉良　张虹淼　姚午厚

编写人员：郭　菲　张丽萍　龚文婧　厉　明　冯　蘅　冯德川　连　友
　　　　　李　响　陶文伟　黄玉宝

主审人员：杨　帆　陈　巍

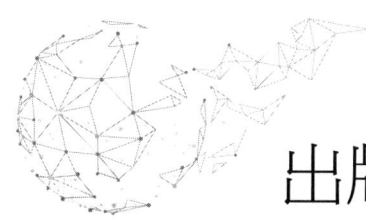

出版说明

当今世界正经历百年未有之大变局,我国正处于实现中华民族伟大复兴关键时期。在全球经济低迷,我国加快形成以国内大循环为主体、国内国际双循环相互促进的新发展格局背景下,数字经济发挥着提振经济的重要作用。党的十九届五中全会提出,要发展战略性新兴产业,推动互联网、大数据、人工智能等同各产业深度融合,推动先进制造业集群发展,构建一批各具特色、优势互补、结构合理的战略性新兴产业增长引擎。"十四五"期间,数字经济将继续快速发展、全面发力,成为我国推动高质量发展的核心动力。

近年来,人工智能、物联网、大数据、云计算、数字化管理、智能制造、工业互联网、虚拟现实、区块链、集成电路等数字技术领域新职业不断涌现,这些新职业从业人员通过不断学习与探索,将推动科技创新、释放巨大能量,推动人们生产生活方式智能化、智慧化、数字化,推动传统产业转型升级,为经济高质量发展注入强劲活力。我国在技术、消费与应用领域具备数字经济创新领先优势,但还存在数字技术人才供给缺口较大、关键核心技术领域自主创新能力不足、数字经济与实体经济融合的深度和广度不够等问题。发展数字经济,推进数字产业化和产业数字化,推动数字经济和实体经济深度融合,急需培育壮大数字技术工程师队伍。

人力资源社会保障部会同有关行业主管部门将陆续制定颁布数字技术领域国家职业标准,坚持以职业活动为导向、以专业能力为核心,遵循人才成长规律,对从业人员的理论知识和专业能力提出综合性、引导性培养标准,为加快培育数字技术人才提供基本依据。根据《人力资源社会保障部办公厅关于加强新职业培训工作的通知》（人社厅发〔2021〕28号）要求，为提高新职业培训的针对性、有效性，进一步发挥新职业培训促进更好就业的作用，人力资源社会保障部专业技术人员管理司组织相关领域的专家学者编写了全国专业技术人员新职业培训教程，供相关领域开展新职业培训使用。

本系列教程依据相应国家职业标准和培训大纲编写，划分初级、中级、高级三个等级，有的职业划分若干职业方向。教程紧贴数字技术人员职业活动特点，定位于全国平均水平，且是相关数字技术人员经过继续教育或岗位实践能够达到的水平，突出该职业领域的核心理论知识、主流技术及未来发展要求，为教学活动和培训考核提供规范和引导，将帮助广大有意或正在从事数字技术职业人员改善知识结构、掌握数字技术、提升创新能力。

希望本系列教程的出版，能够在加强数字技术人才队伍建设、推动数字经济快速发展中发挥支持作用。

目 录

第一章　工业生产基础知识　001
第一节　电工电子技术　003
第二节　传感器技术　012
第三节　自动控制系统　017
第四节　生产管理基础　022

第二章　信息技术基础知识　029
第一节　计算机网络技术　031
第二节　通信技术基础　036
第三节　程序设计基础　042
第四节　软件工程基础　047
第五节　数据库技术基础　052
第六节　网络安全技术基础　058

第三章　工业互联网基础知识　065
第一节　工业互联网网络体系　067
第二节　工业互联网标识解析体系　073
第三节　工业互联网平台架构　079
第四节　工业互联网安全体系　084

第四章　安全文明生产与环境保护知识 091
第一节　安全生产技术基础 093
第二节　职业健康与职业安全 113
第三节　环境保护与可持续发展 119

第五章　相关法律法规知识 129
第一节　《中华人民共和国劳动法》相关知识 131
第二节　《中华人民共和国安全生产法》相关知识 139
第三节　《中华人民共和国网络安全法》相关知识 151
第四节　《中华人民共和国数据安全法》相关知识 159

参考文献 165

后记 169

第一章
工业生产基础知识

纵观工业历史的发展,第一次工业革命是以水和蒸汽为动力进行机械生产,实现了生产方式的机械化;第二次工业革命是电力驱动的大规模生产,实现了电气化和自动化;第三次工业革命以信息技术为基础,实现了更高程度的自动化生产。随着以物联网、云计算、大数据、人工智能、虚拟现实等为代表的新一代信息技术与传统行业的加速融合,全球新一轮科技革命与产业变革正蓬勃兴起(这可以称为第四次工业革命或新工业革命),现代工业与新一代网络信息技术融合下的工业互联网应运而生。前三次工业革命,分别以蒸汽机、电力、计算机和互联网的发明和应用为标志;正在兴起的新工业革命,以人、机器和资源间实现智能物联为特征。这些突破性技术进展为制造业的进一步升级提供了强大的技术支撑,同时也对工业互联网工程技术人员的专业能力、技术技能提出了更高的要求。

本章以工业生产基础知识为出发点,内容涵盖电子电工技术、传感器技术、自动控制系统和生产管理基础四个方面,旨在帮助工程技术人员巩固相关知识,为后续理解工业互联网赋能工业生产奠定理论基础。

- **职业功能:** 工业生产基础知识。
- **工作内容:** 了解面向工业生产的电子电工技术、传感器技术、自动控制系统及生产管理等基础知识。
- **专业能力要求:** 能识别常见的电路符号,理解电路基本定律、正弦交流电路、半导体、基本放大电路概念；能根据需求选用三相异步电机；了解工业传感器分类及选用关键要素；了解自动控制系统组成与分类；了解生产管理的主要职能。

- **相关知识要求：** 电子电工技术，包括电路基本定律、正弦交流电路、半导体器件、基本放大电路、集成运算放大器、三相异步电动机等；传感器技术，包括工业传感器基本工作原理、工业传感器的分类及选择关键要素等；自动控制系统，包括基本定义、不同类型的控制系统、对自动控制系统性能的基本要求等；生产管理基础，包括计划管理、原材料采购管理、库存管理、成本管理、生产信息体系、供应链管理等。

第一节　电工电子技术

电工电子技术是基础工业（机械、运输、铁路、冶金、化工等）必不可少的支持技术，也是电力工业（能源、电力、电工制造）、高新技术（半导体、光学、卫星、空间站等）必不可少的组成部分。本节主要介绍电工电子的基本概念，可以帮助工程技术人员进一步巩固和加深电工电子技术部分的知识，并将其运用到工业生产中。

一、电路概念和基本定律

电路元件和基本定律是电路分析计算的基础。电路就电流所通过的路径，由电气设备和电路元件按一定方式连接而成。按功能不同，电路可分为许多种，但电路的结构主要由电源、负载和中间环节三部分组成。电源是提供电能的装置，可将其他形式的能量转换成电能。负载是取用电能的用电设备，可将电能转换成其他形式的能量，如电动机是将电能转换成机械能、电灯是将电能转换成光能等。中间环节是把电源和负载连接起来的部分，起到传递、分配和控制电能或电信号的作用。通过控制和保护装置，来控制电路的通断并保护电路的安全，如开关、继电器和熔断器等。

电路按其作用可以分为两类。一类为电能的传输、分配和转换，如发电、供电系统、电力拖动、电气照明等，通常这类电路称为电力电路。另一类为信号的传输和处理，如各种电信号的产生、放大、整形，数字信号的运算和处理、存储等，通常这类电路称为电子电路。实际电路是由几种电气装置或电路元件组成的，如发电机、变压器、电动机、电池，以及电阻、电感和电容等，这些电路元件所表现出的电磁现象和能量转换特征较为复杂。为了便于使用数学方法分析电路，一般要将实际电路模型化，用足以反映其电磁性质的理想电路元件或其组合来模拟实际电路中的器件，由理想电路元件组成的电路称为电路模型，简称电路。我们以后研究的电路都是指电路模型，而不是实际电路。

无论是电能的转换和传输，还是信号的传递和处理，都是通过电流、电压和电动势来实现的。电路分析和计算的基本定律除欧姆定律外，还有基尔霍夫定律。欧姆定律描述了线性电阻元件（电路中某一个局部）两端电压、电流之间的关系。基尔霍夫定律是从电路的全局和整体上，阐明各部分电压、电流之间所必须遵循的规律，不仅适用于直流电路，也适用于交流电路。基尔霍夫定律包括两部分，即基尔霍夫电流定律和基尔霍夫电压定律，基尔霍夫电流定律是针对节点的，基尔霍夫电压定律是针对回路的。这两个定律都是以大量的实验为基础，且经过无数的实践证明对于任何时刻、任何电路都普遍适用的。

二、正弦交流电路

正弦交流电路是指电路中的电动势、电压和电流都是随着时间按正弦规律变化的电路，通常称为交流电路。按正弦规律变化的交流电动势、电压和电流通常称为正弦交流电，它们都是正弦量。正弦量的三要素是频率、有效值和初相角。我国和大多数国家的电力标准频率为 50 Hz，这种频率在工业上应用相当广泛，习惯上简称为工频。而美国和日本等国家采用 60 Hz。在电工技术的应用中，所说的电压高低和电流大小，既不是指瞬时值，也不是指最大值，而是指有效值。研究正弦交流电路的理论依据仍然可以是欧姆定律和基尔霍夫定律。

生活和生产中广泛使用的是正弦交流电，简称交流电。发电厂提供的电压和电流，几乎都是随时间按正弦规律变化的。例如，交流发电机中所产生的电动势和正弦信号发生器所输出的信号电压，都是随时间按正弦规律变化的，这两种设备是常用的正弦电源。

电力工业中电能的产生、传输和分配大多采用三相交流电。由三相交流电源供电的电路称为三相交流电路。三相交流电在发电、输配电以及将电能转换为机械能方面都有明显的优越性，是因为它具有以下优点：

（1）在相同体积下，三相发电机输出功率比单相发电机大。

（2）在输送功率相等、电压相同、输电距离和电路损耗都相同的情况下，三相输电比单相输电节省输电线材料，输电成本低。

（3）与单相电动机相比，三相电动机结构简单，价格低廉，性能良好，维护使用方便。

目前，三相交流电路虽已得到广泛的应用，但在输送交流电的过程中，由于电流的交变引起周围磁场的变化，造成对周围通信线路的干扰，而且输电线路上的损耗仍比较大，因此出现了采用高压直流电来代替输送交流电的趋势。从葛洲坝到上海的输电线路，便是采用高压直流电形式。

三、半导体器件

半导体器件是电子技术的基础，是构成各种电子电路最基本的核心器件，包括半导体二极管、稳压管、发光二极管、晶体管、场效应管等。半导体器件的特点是体积小、重量轻、使用寿命长、耗电少等。半导体的导电能力介于导体和绝缘体之间，常用的半导体材料主要有硅、锗、硒、砷化镓和一些氧化物等，其中以硅用得最广泛。通常，半导体的电阻率为 $10^{-4} \sim 10^{9} \Omega \cdot m$。

完全纯净的具有晶体结构（即原子按一定规律排列整齐）的半导体称为本征半导体。本征半导体的导电能力很低，通常采用掺入微量的杂质（如三价或五价元素）的方法提高导电能力，故掺入微量杂质的半导体称为杂质半导体。根据掺入杂质元素的性质不同，杂质半导体可分为 N 型半导体（电子为多数载流子）和 P 型半导体（空穴为多数载流子）。通过现代工艺，在 N 型（P 型）半导体的基片上，采用扩散工艺制造一个 P 型（N 型）区，则在 P 区和 N 区之间的交界面附近，将形成一个宽度稳定的空间电荷区，这个区域称为 PN 结。PN 结具有单向导电性。正偏时，PN 结的电阻很小，正向电流很大，PN 结导通；反偏时，PN 结的电阻很大，反向电流很小，PN 结截止。

将一个PN结连上电极引线，再封装到管壳中就成为半导体二极管，简称二极管。从制造材料上分，二极管可分为硅二极管和锗二极管；按内部结构来分，二极管可分为点接触型二极管和面接触型二极管。点接触型二极管（一般为锗管）的特点是PN结的面积非常小，因此不能承受较大反向电压和大的电流（在几十毫安以下），但是高频性能好，适用于高频和小功率的场合，也用作数字电路中的开关元件；面接触型二极管（一般为硅管）的特点是PN结面积大，可通过较大的电流，但工作频率较低，一般用作整流，而不宜用于高频电路中。

二极管的单向导电特性可用伏安特性标识，它在正向偏置时容易导电（导通状态），在反向偏置时基本上不导电（截止状态）。伏安特性就是管子两电极间所加的电压与通过它的电流之间的关系曲线。二极管的特性还可以用参数来说明，二极管的主要参数有最大整流电流、反向工作峰值电压、反向峰值电流和最高工作频率。在工程上必须根据二极管的参数合理地选择和使用二极管，才能充分发挥每个二极管的作用。

晶体管（又称为半导体三极管）是最重要的一种半导体器件，它的放大作用和开关作用促进了电子技术的飞跃发展。晶体管的选用应从频率、集电极最大耗散功率、电流放大系数、反向击穿电压以及饱和压降等参数进行考虑，以满足各种电路对晶体管的要求。在晶体管代换时，要选用与原晶体管参数相近的晶体管。晶体管的有关参数可查阅晶体管手册。

四、基本放大电路

晶体管的主要用途之一是利用其放大作用组成放大电路。放大电路的主要作用是对微弱信号进行放大。放大电路是电子设备中最普遍的一种基本单元，在信号传输与处理、自动控制、测量仪表和计算机领域应用极为广泛。例如，在自动控制机床上，需要将反映加工要求的控制信号加以放大，得到一定输出功率以推动执行元件（电磁铁、电动机、液压机构等）工作。又如，在测量仪表及自动控制系统中，首先将温度、压力、流量等非电量通过传感器变换为微弱的电信号，经过放大以后，从显示仪表上读出非电量的大小，或者用来推动执行元件以实现自动控制。

基本放大电路既可以放大交流信号，也可以放大直流信号和变化非常缓慢的信号。在电子设备中单级放大电路的电压放大倍数很难满足要求，通常采用两级或者两级以上的放大电路组成多级放大电路。多级放大电路由输入级、中间级及输出级组成，如图1-1所示。多级放大电路中各级之间的连接称为耦合。在工业电子技术中，最常用的是低频放大电路，其频率范围为20 kHz~20 kHz。在低频放大电路中主要采用阻容耦合和直接耦合两种方式。

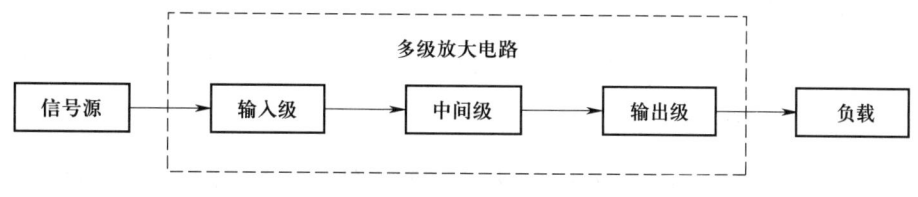

图 1-1　多级放大电路框图

（1）阻容耦合。阻容耦合就是将电容作为级间的连接元件并与电阻配合而成的一种耦合方式。阻容耦合的优点是前级和后级直流通路彼此隔开，每一级的静态工作点相互独立，互不影响，便于分析和设计电路。缺点是信号在通过耦合电容加到下一级时会大幅衰减，对直流信号（或变化缓慢的信号）很难传输。在集成电路里制造大电容很困难，不利于集成化。所以阻容耦合只适用于分立元件组成的电路。

（2）直接耦合。直接耦合是指将前级的输出信号直接连接到后一级的输入端，无须另外的耦合元件。直接耦合的优点是所用元件少，体积小，低频特性好，便于集成化。缺点是由于失去隔离作用，使前级和后级的直流通路相通，静态电位相互牵制，使得各级静态工作点相互影响，易引起零点漂移。

根据放大电路连接方法的不同，放大电路可分为共发射极放大电路、共集电极放大电路和共基极放大电路三种。其中共发射极放大电路应用最为广泛。

（1）共发射极放大电路。共发射极放大电路能够把微弱的信号放大的输入的交流信号电压叠加在直流上，使晶体管基极、发射极之间的正向电压发生变化。通过晶体管的控制作用，可使集电极处于反向偏置，从而使晶体管起到放大作用。

（2）共集电极放大电路。共集电极放大电路的输入信号由晶体管的基极与发射极两端获得，输出信号由晶体管的发射极两端获得。对交流信号而言（即交流通路中），集电极是共同端,所以称为共集电极放大电路。

(3)共基极放大电路。共基极放大电路的输入信号由晶体管的发射极与基极两端获得,再由晶体管的集电极与基极两端获得输出信号。因为基极是共同接地端,所以称为共基极放大电路。

五、集成运算放大器

集成运算放大器简称集成运放,是一种输入电阻高、输出电阻低、电压放大倍数足够大的深度负反馈多级直接耦合放大电路。集成运算放大器只要外接适当的元件就可以实现信号的运算、处理和各种波形的产生、变换等,已广泛应用于自动控制系统、测量技术、信号变换等几乎所有的电子技术领域。图1-2是典型集成运算放大器的原理框图,它主要为输入级、中间级、输出级和偏置电路四个主要环节构成。

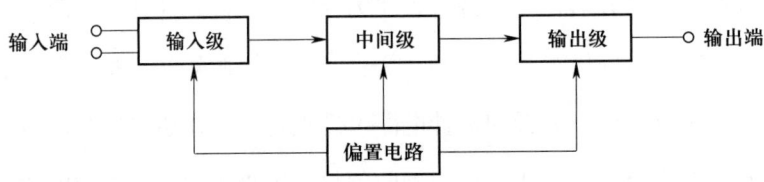

图1-2 典型集成运算放大器的原理框图

输入级是提高运算放大器质量的关键部分,要求其输入电阻高,能减小零点漂移和抑制干扰信号。输入级都采用差分放大电路,有同相和反相两个输入端。中间级主要进行电压放大,要求它的电压放大倍数高,一般由共发射极放大电路构成。输出级与负载相连,要求其输出电阻低,带负载能力强,能输出足够大的电压和电流,一般由互补对称电路或射极输出器构成。偏置电路的作用是为上述各级电路提供稳定和合适的偏置电流,保持各级的静态工作点,一般由恒流源电路组成。

集成运算放大器根据每一硅片上集成的运算放大器数量的不同,可分为单运算放大器、双运算放大器和四运算放大器;按其技术指标,可分为通用型、高速型、高阻型、低功耗型、大功率型、高精度型等;按其内部电路,可分为双极型(由晶体管组成)和单极型(由场效应管组成)。

通常根据具体要求选择合适型号的集成运算放大器。在无特殊要求时,应尽可能选用通用系列的。因该系列的放大器容易得到，价格又较低廉。在有特殊要求时，则应根据要求选择特殊系列的。例如，在信号测量电路中，如果测量放大电路的输入信号微弱，第一级应选用高输入电阻、高共模抑制比、高开环电压放大倍数和低温度漂移运算放大器。选好后根据管脚图和符号连接外部电路，包括电源、外接偏置电路、消振电路及调零电路等。

六、三相异步电动机

实现机械能与电能相互转换的旋转机称为电机。将电能转换成机械能的电机称为电动机。电动机按使用的电源种类的不同，通常可分为交流电动机和直流电动机两大类，交流电动机又可分为异步电动机和同步电动机。异步电动机还可分为三相电动机和单相电动机。

三相异步电动机具有结构简单、制造成本低廉、使用和维修方便、运行可靠且效率高等优点，广泛用于驱动各种金属切削机床、起重机、锻压机、传送带、铸造机、风机和小功率泵等。直流电动机仅用于驱动需要匀速调节的生产机械，如龙门刨床、轧机和一些重型设备的主传动机构，以及一些电力牵引和起重设备。同步电动机主要用于各种大功率、无调速、长期运行的生产机器，如压缩机、水泵、通风机等。单相异步电动机常用于小功率电动工具和一些家用电器。除了上述动力电机外，还有各种控制电机，如伺服电机和步进电机等，控制电机常用于自动控制系统和计算设备中。

三相异步电动机的应用非常广泛，选用时应从技术性和经济性两个方面考虑，以实用、合理、经济和安全为原则，确保电动机安全可靠运行。

（1）种类选择。鼠笼式异步电动机一般用于无特殊调速要求的生产机械，如泵类、通风机、压缩机、金属切削机床等；绕线式异步电动机适用于需要有较大的起动转矩且要求在一定范围内进行调速的起重机、卷扬机等。

（2）功率选择。原则上要求电动机的额定功率等于或稍大于生产机械的功率。

（3）结构选择。电动机根据适用场合可分为开启式、防护式、封闭式及防爆式等。使用时要根据电动机的工作环境来选择，以确保电动机能够安全、可靠地运行。

（4）转速选择。综合考虑电动机和机械传动等诸方面因素，原则上应根据生产机械的要求进行选择。

电动机外壳上装有电动机的铭牌，上面标明了这台电动机的基本性能参数，这些数据是使用、维护、选择、更换电动机的主要依据。

七、逻辑门电路

电子技术中用于传递和处理信号的电子电路可分为模拟电子电路（简称模拟电路）和数字电子电路（简称数字电路）。模拟电路处理的信号是大小随时间连续变化的信号（如正弦信号），数字电路处理的信号是大小随时间断续变化的信号（如方波信号）。数字电路的主要特点是：

（1）数字电路中的信号是脉冲信号，一般仅有高电平、低电平两种状态，高、低电平分别用数字1、0表示；

（2）数字电路研究的是电路输入和输出之间的逻辑关系，其实质为逻辑控制电路；

（3）数字电路中的晶体管通常工作在饱和或截止状态，即开关状态。

门电路是数字电路中最基本的逻辑单元之一，应用极为广泛。"门"就是一种开关，只有在一定条件下，电路才允许信号通过，条件不满足，信号就无法通过。也就是当电路的输入信号满足一定的条件（原因）时，电路才会有输出（结果）。这种输入与输出间具有因果关系的数字电路称为逻辑门电路，简称门电路。逻辑门电路的输入和输出信号都用高、低电平表示，可用1和0两种状态来区别（与数字1和0有着完全不同的含义）。

基本逻辑门电路有与门、或门和非门。为了丰富逻辑电路的功能，由这三种基本门电路可组合出其他多种复合门电路。各逻辑运算真值表如图1-3所示。

实际应用中，分立元件门电路已被淘汰，目前广泛采用的是集成门电路。集成门电路是数字集成电路中最简单又最基本的电路。根据所用器件不同，数字集成电路又分为双极型和单极型（MOS型）。在双极型集成逻辑门电路中，应用最广泛的是TTL门电路。TTL门电路发展早、生产工艺成熟、品种全、产量大、价格便宜，是中小规模集成电路的主流电路产品，其核心是与非门。MOS集成门电路由绝缘栅场效应管

逻辑运算	符号	真值表	逻辑表达式
AND	$x, y \to z$ (AND门)	$x\ y\ z$ 0 0 0 0 1 0 1 0 0 1 1 1	$z = x \cdot y$
OR	$x, y \to z$ (OR门)	$x\ y\ z$ 0 0 0 0 1 1 1 0 1 1 1 1	$z = x + y$
NOT	$x \to z$ (NOT门)	$x\ z$ 0 1 1 0	$z = \overline{x}$
NAND	$x, y \to z$ (NAND门)	$x\ y\ z$ 0 0 1 0 1 1 1 0 1 1 1 0	$z = \overline{x \cdot y}$
NOR	$x, y \to z$ (NOR门)	$x\ y\ z$ 0 0 1 0 1 0 1 0 0 1 1 0	$z = \overline{x + y}$
EXOR	$x, y \to z$ (EXOR门)	$x\ y\ z$ 0 0 0 0 1 1 1 0 1 1 1 0	$z = \overline{x} \cdot y + \overline{x} \cdot y = x \oplus y$

图 1-3 逻辑运算真值表

（单极型晶体管）组成，具有制造工艺简单、功耗低、体积小、更易于集成化等一系列优点，但传输速度相对低一些。近年来，MOS 型集成电路发展很快，并得到广泛应用，特别是在大规模和超大规模集成电路中。MOS 型集成电路根据所采用的 MOS 管的不同，可分为 NMOS 电路、PMOS 电路和 CMOS 电路。其中，CMOS 电路是由 PMOS

和 NMOS 构成的互补对称逻辑电路，它的功耗极低，电源电压范围宽，抗干扰能力强，工作速度高，是当今应用最为广泛、发展最为迅速的一种 MOS 电路。

第二节　传感器技术

传感器技术是现代信息技术的三大支柱之一，是感知、获取、处理与传输的关键，是实现现代化测量和自动控制的主要环节。在自动化生产过程中，传感器起着至关重要的作用，用来监视和控制生产过程中的各个参数，使设备工作在正常状态或最佳状态。工业互联网的关键在于工业现场数据信息的采集，而传感器可以为工业互联网采集数据以及全生态构建提供基础数据支撑。

一、工业传感器概述

传感器被称为工业工艺品，国家标准 GB/T 7665—2005 对传感器的定义是："能感受规定的被测量，并按照一定的规律转换成可用输出信号的器件或装置，通常由敏感元件和转换元件组成。"也就是说，传感器是一种检测装置，能感受到被测量的信息，并能将感受到的信息，按一定规律变换成为电信号或其他所需形式的信息输出，以满足信息的传输、处理、存储、显示、记录和控制等要求。简单来说，传感器的出现，赋予了物体触觉、味觉和嗅觉等感官。当前，传感器正在向智能化、微型化、多功能、低功耗、高精度等方向发展。

工业的发展离不开众多感知技术的加持，其中最为关键的技术之一便是传感器。可以说，工业传感器让自动化智能设备有了感知能力。评价一款工业传感器质量优劣，主要围绕灵敏度、分辨率、紧凑性、长期稳定性、热漂移和功率效率等指标。工业传感器具有技术密集、多品种、小批量、使用灵活及应用分布广泛的典型特征。

在工业生产过程中，必须对温度、压力、流量、液位和气体成分等参数进行检测，从而实现对工作状态的监控。诊断生产设备的各种情况，使生产系统处于最佳状态，可以保证产品质量，提高效益。目前，传感器与微机、通信等的结合渗透，使工业监测自动化，且具有准确、高效等优点。如果没有传感器，现代工业生产程度将会大大降低。

近年来，工业互联网的浪潮越来越高，工业互联网完成的关键在于数据信息，因此前端用于采集数据的工业传感器尤为重要。另外，部署工业传感器具有预测性维护和预防性维护等优势。它们不仅可以确保更快地传输测量数据，而且可以提高准确性，从而改善过程控制并增强资产健康状况。智慧工厂建设很重要的一个关键技术便是工业传感器。传感器为智慧工厂提供触觉，是实现自动检测和自动控制的首要环节。在自动化生产过程中需要用各种传感器来监视和控制各个参数，使设备工作在正常状态或最佳状态，并使产品达到最好的质量。

传感技术的不断发展催生了当今的智能传感器。与传统的没有有源组件的模拟传感器不同，智能传感器包含电路，允许它们进行测量并将值输出为数字数据。这些传感器具有嵌入式微处理器单元，并在信号转换器上安装了许多传感设备。智能传感器能够执行许多内在的智能功能，例如自我测试、自我验证、自我适应和自我识别的能力。他们了解流程要求，管理各种条件，并可以检测条件以支持实时决策。这些智能传感器针对多种过程条件进行了编程，使执行人员可以获得最大的收益。

二、工业传感器分类

传感器是根据材料的物理、化学、生物学特性和规律设计而成的器件，种类繁多，功能各异。由于同一被测量可用不同转换原理实现探测，因此利用同一种物理法则、化学反应或生物效应可设计制作出检测不同被测量的传感器，而功能大同小异的同一类传感器可用于不同的技术领域，故传感器有不同的分类方法。目前对工业传感器尚无一个统一的分类方法，比较常用的分类有如下几种。

（一）按被测量分类

按被测量分为压力传感器、位移传感器、速度传感器、温度传感器、湿度传感器等。这种分类法明确表达出了传感器的用途，但是不便于找出每种传感器的转换原理的异同点。

（二）按工作原理分类

按工作原理可分为电阻式传感器、电容式传感器、压电式传感器、光电式传感器、光栅式传感器、电感式传感器、光纤传感器、激光传感器等。这种分类方法是以物理和化学等的原理、规律和效应作为分类依据，优点是对于传感器的工作原理比较清楚，类别少，利于对传感器进行深入分析和研究。

（三）按敏感元件分类

按敏感元件可分为半导体力敏、热敏、光敏、气敏、磁敏等固态传感器。

（四）按制造工艺分类

按制造工艺可分为集成传感器、薄膜传感器、厚度传感器和陶瓷传感器。

（五）按输出量分类

按传感器输出量可分为开关量、模拟式和数字式传感器。模拟式传感器的输出信号为模拟量；数字式传感器的输出信号为数字量，便于与计算机连用，且抗干扰性强。

（六）按结构分类

按结构可分为基本型传感器、组合型传感器和应用型传感器。

（七）按作用形式分类

按作用形式可分为主动型传感器、被动型传感器。

三、选择工业传感器的关键要素

现代传感器在原理与结构上千差万别，如何根据具体的测量目的、测量对象以及测量环境合理地选用传感器，是在进行某个量的测量时首先要解决的问题。当传感器确定之后，与之相配套的测量方法和测量设备也就可以确定了。测量结果的成败，在很大程度上取决于传感器的选用是否合理。

（一）类型

根据测量对象与测量环境确定传感器的类型。要进行某个具体的测量工作，首先要考虑采用何种原理的传感器，这需要分析多方面的因素之后才能确定。即使是测量同一物理量，也有多种原理的传感器可供选用，哪一种原理的传感器更为合适，则需要根据被测量的特点和传感器的使用条件考虑以下一些具体问题：量程的大小；被测位置对传感器体积的要求；测量方式是接触式还是非接触式；信号的引出是有线还是无线；传感器是国产还是进口或是自行研制，价格能否承受。

在考虑上述问题之后就能确定选用哪种类型的传感器，然后考虑传感器的具体性能指标。

（二）灵敏度

通常，在传感器的线性范围内，传感器的灵敏度越高越好。只有灵敏度高时，与被测量变化对应的输出信号的值才会比较大，有利于信号处理。但要注意的是，传感器的灵敏度高，与被测量无关的外界噪声也容易混入，也会被放大系统放大，影响测量精度。因此，要求传感器本身应具有较高的信噪比，尽量减少从外界引入的干扰信号。

传感器的灵敏度是有方向性的。当被测量是单向量而且对其方向性要求较高时，应选择其他方向灵敏度小的传感器；当被测量是多维向量时，要求传感器的交叉灵敏度越小越好。

（三）频率响应特性

传感器的频率响应特性决定了被测量的频率范围，必须在允许的频率范围内保持不失真。实际上传感器的响应总有一定延迟，延迟时间越短越好。

传感器的频率响应越高，可测的信号频率范围就越宽。在动态测量中，应根据信号的特点（稳态、瞬态、随机等）响应特性，以免产生过大的误差。

（四）线性范围

传感器的线性范围是指输出与输入成正比的范围。从理论上讲，在此范围内，灵敏度保持定值。传感器的线性范围越宽，则其量程越大，并且能保证一定的测量精度。

在选择传感器时，当传感器的种类确定以后，首先要看其量程是否满足要求。

但实际上，任何传感器都不能保证绝对的线性，线性度也是相对的。当所要求测量精度比较低时，在一定的范围内可将非线性误差较小的传感器近似看作线性的，这会给测量带来极大的方便。

（五）稳定性

传感器使用一段时间后，性能保持不变的能力称为稳定性。影响传感器长期稳定性的因素除传感器本身结构外，主要是传感器的使用环境。因此，要具有良好的稳定性，传感器必须要有较强的环境适应能力。

在选择传感器之前，应对其使用环境进行调查，并根据具体的使用环境选择合适的传感器，或采取适当的措施减小环境的影响。

传感器的稳定性有定量指标，在超过使用期后，在使用前应重新进行标定，以确定传感器的性能是否发生变化。在某些要求传感器能长期使用而又不能轻易更换或标定的场合，对所选用传感器的稳定性要求更严格，要求能够经受住长时间的考验。

（六）精度

精度是传感器的一个重要性能指标，是关系到整个测量系统测量精度的一个重要环节。传感器的精度越高，其价格越昂贵，因此，传感器的精度只要满足整个测量系统的精度要求就可以，不必选得过高。这样就可以在满足同一测量目的的诸多传感器中选择比较便宜和简单的传感器。

如果测量目的是定性分析，选用重复精度高的传感器即可，不宜选用绝对量值精度高的；如果是为了定量分析，必须获得精确的测量值，就需选用精度等级能满足要求的传感器。

对某些特殊使用场合，如果无法选到合适的传感器，则需自行设计制造传感器。自制传感器的性能必须满足使用要求。

第三节　自动控制系统

随着云计算、机器学习和大数据等信息技术（Information Technology，IT）与工业控制领域运营技术（Operational Technology，OT）的不断融合，工业互联网已经成为未来工业生产的大势所趋。工业互联网赋予了未来制造更大的灵活性，小批量、多品种和定制化等生产方式也逐渐成为了可能，这也要求现代生产制造的核心技术，即工业自动化控制系统更加灵活和有扩展性。

一、自动控制系统概述

在生产和科学发展的过程中，自动控制起着重要的作用。自动控制广泛应用于现代工业、交通运输、国防等要求较高的领域中。自动控制技术在各个领域的广泛应用，不仅使生产设备和过程实现了自动化，极大地提高了劳动生产效率和产品质量，改善了劳动条件，而且在探索新能源、发展空间技术等方面也起着极其重要的作用。

自动控制是在没有人的直接干预下，利用物理控制装置，对生产设备、生产过程、工艺参数和目标要求等进行自动调节与控制，使被控制的物理量（如温度、压力等）保持恒定，或者按照一定的规律变化，达到要求的指标，如矿井提升机速度的控制、水泥回转窑湿度的控制、造纸厂纸浆浓度的控制、轧钢厂加热炉温度的控制、物料传输机速度的控制等。

自动控制系统是指能够对被控制对象的工作状态进行自动控制的系统，是为实现某个控制目标所需要的所有物理部件的有效组合体。自动控制系统由自动控制装置与受控对象组成，一般按被控量命名，如速度控制系统、压力控制系统、温度控制系统等。自动控制系统的性能直接影响到产品的产量、质量、成本、劳动条件和预期目标的完成。一个复杂的控制工程可能汇集了几个甚至数量众多的自动控制系统。例如，一个机器人身上每个关节的动作由一台电动机来拖动，控制它就需要设置一个自动控制系统，所以机器人的自动控制系统数量自然很多。

自动控制作为一门学科，常被划分为自动控制技术和自动控制理论两个部分。近年来，由于自动控制应用范围的扩大及控制对象技术含量的增加，对自动控制技术提出了更新、更高的要求，计算机及芯片业的发展也推动了控制技术的迅猛发展。控制技术的应用以控制理论为基础，控制理论按其发展的不同阶段分为经典控制理论和现代控制理论。由于实际应用中的控制系统仍以单输入单输出系统为多见，所以经典控制理论仍有着广泛的应用基础。

生产的自动化、管理的科学化，大大地改善了劳动条件，使产品的质量得以提高，产量得以增加。近十几年来，计算机的广泛应用，使自动控制理论更加迅速地向前发展，使得自动控制技术所能完成的任务更加复杂，自动控制水平也大大地提高。自动控制技术的发展，离不开电子技术和计算机技术的加持。

二、自动控制系统的组成与分类

自动控制系统根据控制对象和具体用途的不同，可以有多种不同的结构形式。但是，从工作原理来看，自动控制系统通常是由一些具有不同功能的基本元部件所组成的。图1-4所示是一个典型自动控制系统的功能框图，简称方块图。图中的每一个方块，代表一个具有特定功能的元件。可见，一个完善的自动控制系统通常由测量反馈元件、比较元件、放大元件、校正元件、执行元件以及控制对象等基本环节所组成。通常，图1-4中除控制对象外的所有元件合在一起，称为控制器。

图1-4中各元件的功能为：测量反馈元件用以测量被控量，并将其转换成与输入量同一物理量后，再反馈到输入端进行比较；比较元件比较输入信号与反馈信号，并产生反映两者差值的偏差信号；放大元件将微弱的信号进行线性放大；校正元件按某种函数规律变换控制信号，以利于改善系统的动态品质或静态性能；执行元件根据偏

差信号的性质执行相应的控制作用，以便使被控量按期望值变化。控制对象，又称为被控对象或受控对象，通常是指生产过程中需要进行控制的工作机械或生产过程。

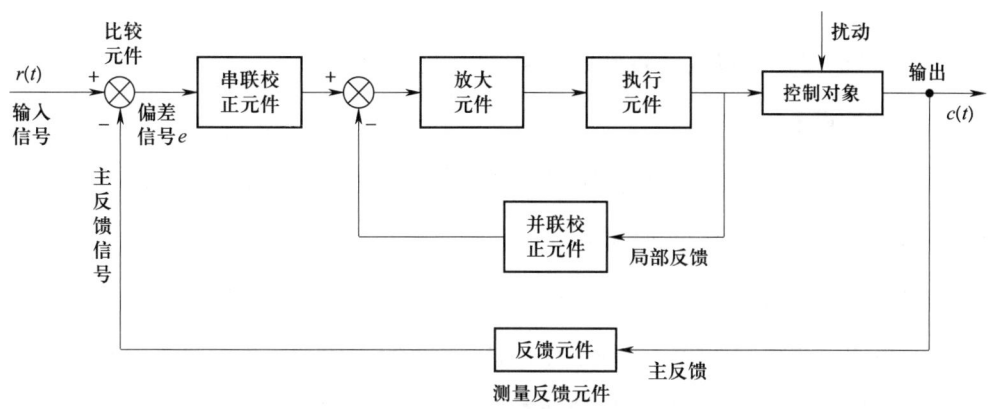

图 1-4 典型自动控制系统的方块图

自动控制系统的分类方法种类繁多，主要根据数学模型的差异来划分，常见的分类如下。

（一）按输入信号的特征分类

1. 恒值控制系统

恒值控制系统的给定输入量是个常值，要求被控制的输出量也是个常值，并且在除给定输入量以外的工况发生变化时，能够维持常值不变，或经过短暂的过渡过程后稳定在原来常值或附近。在工业控制中，如果被控量是温度、流量、压力、液位等生产过程参量时，这种控制系统称为过程控制系统。过程控制系统大多数属于恒值控制系统。

2. 位置随动控制系统

位置随动控制系统（或称伺服系统）的给定输入量可以按设定的规律或事先未知的规律变化，要求被控制的输出量能够迅速准确地跟随输入量而变化。因此，随动控制系统的分析与设计重点就在于系统的跟随性能，即快速准确地复现输入信号。

3. 程序控制系统

程序控制系统的输入信号可以是时间的函数、空间的函数，也可以是几何图形或者按照某种规律编制的程序等。这些函数、几何图形或者程序等由计算机输出后作用于自动控制系统的给定输入端，输出量随变化的输入设定值而变化。程序控制系统的输入量可以是常值或变化值，是常值的有恒值系统的特征，是变化值的有随动系统的特征。

（二）按信号传输过程是否连续分类

1. 连续控制系统

系统中各处传输的信号均是时间的连续函数，这类控制系统称为连续控制系统。描述连续控制系统的动态方程是微分方程。

2. 离散控制系统

如果控制系统在信号传输过程中存在着间歇采样、脉冲序列等离散信号，则称为离散控制系统。描述离散控制系统的动态方程是差分方程。引入计算机参与控制的系统，由于有将模拟量转换成数字量的过程，因此属于离散控制系统。有的控制系统对被控量或系统中某一物理量采用开关量控制，开关闭合时系统中有信号的传输，开关开启时信号传输中断，因此也属于离散控制系统。

（三）按系统构成元件是否线性分类

1. 线性控制系统

均由线性元件构成的控制系统是线性控制系统。在实际应用的控制系统中，绝对线性的控制系统事实上是不存在的，因为实际的物理系统总是具有不同程度的非线性，如放大器的饱和特性、齿轮的间隙、电动机的死区及摩擦特性。

2. 非线性控制系统

控制系统内如果至少含有一个非线性元件，则称为非线性系统。这里的非线性元件是指其输出输入关系具有饱和限幅特性、死区特性、继电器特性、传输间隙特性等。非线性控制系统的研究目前还没有统一的方法，但对于非线性程度不太严重的系统，可在一定范围内近似为线性系统。

（四）按系统参数是否随时间变化分类

1. 定常控制系统

系统参数不随时间变化的系统称为定常控制系统，其微分方程或差分方程的系数是常数。线性的定常控制系统称为线性定常控制系统。

2. 时变控制系统

系统参数随时间变化的系统称为时变控制系统，其微分方程或差分方程的系数是时间的函数。

三、对自动控制系统性能的基本要求

为了实现自动控制的基本任务，需要对系统在控制过程中表现出来的行为提出要求。对自动控制系统的研究是从动态、静态两方面特性进行分析的。对控制系统的基本要求，是对各类系统均有的普遍性要求。根据动态特性在不同阶段的特点，在工程上常用稳定性、快速性和准确性三个特性来评价自动控制的总体精度。

（一）稳定性

稳定性是系统正常工作的首要条件，是指控制系统稳定工作的能力，表现为在给定量或扰动量作用时系统重新恢复到平衡状态的能力。稳定的系统能重新恢复到平衡状态，不稳定的系统则不能重新恢复到平衡状态。实际上，不稳定的控制系统是不能正常工作的，所以要求自动控制系统必须是稳定的。

（二）快速性

快速性用以衡量动态过程进行的快慢，是指输出量跟随输入量变化进入稳态的时间要快。由于控制系统中的元件和控制对象通常具有惯性，并且为系统提供的能量是有限的，所以输出量跟随输入量的变化是按惯性变化的，具有滞后性。对控制系统而言，必须对其过渡过程的形式和快慢提出要求，过渡过程越短，说明系统的快速性越好。

（三）准确性

准确性是系统正常工作时对精度的要求。当系统输出量的动态变化过程结束后，输出量达到了稳态值，如果输出稳态值与期望的稳态值之间有稳态误差，说明控制得不够准确；如果没有稳态误差，说明控制得准确。好的控制系统应当具有小稳态误差，甚至为0，使控制精度高，控制准确。

对于同一系统，稳定性、快速性和准确性三者之间有时相互制约，过分强调某一方面会给其他方面带来麻烦，因此需要统筹考虑。

第四节　生产管理基础

在工业生产过程中，分工主要指为了实现工业生产目标而进行的对具体工作内容的分配。专业化分工，可提高劳动熟练程度，节约劳动转换时间，节约培训成本，减少劳动监督成本。但是，高度分工降低了工人对整个生产过程之间关系的了解，应变和自动协调能力下降。同时，高度分工容易造成对企业中下层员工不利的分配关系。生产管理就是为了弥补分工生产这种方法的弱点而产生的一项业务。在分工生产本身不断变化的情况下，重新正确地审视生产管理这一业务与企业运营的改善息息相关。

一、生产管理概述

生产管理是有计划、组织、指挥、监督调节的生产活动，其目的是以最少的资源损耗，获得最大的成果。生产管理是企业生产过程中各项管理工作的总称，又称生产控制。生产管理的内容包括以下方面。

（1）生产组织工作。生产组织工作即选择厂址、布置工厂、组织生产线、实行劳动定额和劳动组织、设置生产管理系统等。

（2）生产计划工作。生产计划工作即编制生产计划、生产技术准备计划和生产作业计划等。

（3）生产控制工作。生产控制工作即控制生产进度、生产库存、生产质量和生产成本等。

（4）保证按期交付正常。保证按期交付正常即根据生产计划安排，保证客户产品交付正常。

生产管理的任务有：对客户产品交付异常情况进行及时有效的处理；通过生产组织工作，按照企业目标的要求，设置技术上可行、经济上合算、物质技术条件和环境条件允许的生产模式；通过生产计划工作，制定生产模式优化运行的方案；通过生产控制工作，及时有效地调节企业生产过程内外的各种关系，使生产模式符合既定生产计划的要求，实现预期生产的品种、质量、产量、出产期限和生产成本的目标。

生产管理的目的在于，做到投入少、产出多，取得最佳经济效益。随着科技的进步、信息化产业的发展，大部分企业开始逐步采用信息化管理软件对企业生产进行管理，提高企业生产管理的效率，有效管理生产过程的信息，从而提高企业的整体竞争力。

二、生产管理职能

生产管理职能包括生产计划体系、原材料采购管理、库存管理、成本管理、生产信息体系、供应链管理等多个方面。以下对几项重点职能进行介绍。

（一）生产计划体系

生产计划是企业经营的出发点。生产计划能否顺利实现，是关乎企业经营甚至企业经营成败的决定因素。生产计划是企业对生产任务做出统筹安排，具体拟定生产产品的品种、数量、质量和进度的计划。生产计划管理既是实现企业经营目标的重要手段，也是组织和指导企业生产活动有计划进行的依据。企业在编制生产计划时，还要考虑到生产组织及其形式。同时，生产计划的合理安排也有利于改进生产组织。

生产计划在制订初期就决定了其作用，因此有必要制定符合目的的生产计划。生产计划可分成三类。

（1）为了企业经营而制订的生产计划。如果是一年期或三年期的生产计划，则大多数包含了经营计划性的成分，如年度生产计划。

（2）为了信息的开展而制订的生产计划。这是以季度为中心而制订的计划，如季度生产计划、月度生产计划。

（3）为了生产的执行而制订的生产计划。这种生产计划主要应用于生产指示以及原材料采购指示，如每周生产计划、日常计划确认等。

信息技术的普及应用，使信息化成为企业发展的必然趋势，生产计划管理系统应运而生。典型的系统，如制造执行系统（Manufacturing Execution System，MES），可以实现生产计划管理、设备管理、质量管理等一系列业务管理。MES从质量管理、过程管理、维护管理、产品跟踪、性能分析、物料管理等生产制造的关键节点出发，为管理人员和操作人员提供计划的下发、执行、跟踪以及所有资源（人、设备、物料、客户需求等）的当前信息状态的监控等服务，能够切实为企业的生产制造环节打造一个可靠、完善、全面、可行的管理平台。

MES与工业互联网在企业数字化进程中各自承担着不同的角色。MES以生产任务为导向，是生产数据中心存储库，但要建设数字工厂、实现工厂透明化可视化管理，还需要依托生产环境下的数据模型，提升生产效能，强化制造现场的数字能力。工业互联网本身是以企业内连接数据背后的价值为导向，为相互关联的设备通过网络发送和接收数据提供新的方式，同时将数据转换成可执行的信息，以加强MES系统的应用效果。

MES与工业互联网在某些方面之间的界线将越来越模糊。MES将承担工业互联网的许多快速连接集成功能，MES系统通过与工业互联网结合（主要是与基础的物联网模块结合），以实现对企业生产过程全方位的监控管理和物流状态追踪管理为总体目标，完善原有系统功能，实现企业内物流和企业外物流的可视化操作和智能化管理，保证产品全生命周期的质量。

（二）原材料采购管理

在行业竞争越来越激烈的环境下，原材料采购的重要性正在增加，其中原材料费用所占的比例是最高的，而且原材料所占的成本比例越来越大。企业需要进一步降低生产成本。

现如今的制造业已经不再把生产制造作为主要业务，而是以集拢物资为主。原材料的采购水平可以说就直接决定了制造业的水平。若能以较低廉的价格采购原材料，那么企业在激烈的市场竞争中将占据优势地位。

原材料采购周期包括信息周期、生产准备周期和进货周期。信息周期是指订货的信息被对方受理，再到反映到生产计划为止的期间。生产准备周期是企业的作业时间（原材料的采购、检验、包装、出货等时间都包括在内）。进货周期是指从供应方到进货为止的期间，它直接影响企业流动资金的周转。

（三）库存管理

库存管理的主要功能是在供、需之间建立缓冲区，达到缓和用户需求与企业生产能力之间、最终装配需求与零配件之间、零件加工工序之间、生产厂家需求与原材料供应商之间的矛盾。

在企业中，库存管理系统是生产、计划和控制的基础。库存管理系统通过对仓库、货位等账物的管理，以及入/出库类型、入/出库单据的管理，及时反映各种物资的仓储、流向情况，为生产管理和成本核算提供依据。通过库存分析，为管理及决策人员提供库存资金占用情况、物资积压情况、短缺/超储情况、ABC分类情况等不同的统计分析信息。通过对批号的跟踪，实现专批专管，保证质量跟踪的贯通。

随着技术的进步，企业资源计划（Enterprise Resource Planning，ERP）、仓储管理系统（Warehouse Management System，WMS）以及其他管理系统得到广泛应用，成为企业信息化的一个重要趋势。通过信息化管理系统，可以有效提高库存管理效率。

（四）成本管理

成本管理是企业生产经营过程中各项成本核算、成本分析、成本决策和成本控制等一系列科学管理行为的总称。成本管理是企业管理的重要组成部分，要求系统、全面、科学和合理。

企业要做好成本管理工作，提高成本管理水平。首先要认真进行成本预测，规划一定时期内的成本水平和成本目标，比较分析各种方案以实现成本目标，并制定有效的成本决策。其次，根据成本决策的具体内容，编制成本计划，作为成本控制的依据。再次，还需加强成本审计和监督，认真组织成本核算工作，严格执行成本区间，发现并克服生产过程中的损失和浪费，建立健全成本核算制度和基础工作。同时，定期安排成本考核分析工作，正确评价各部门成本管理绩效，推动企业不断完善成本管理措施，提高企业成本管理水平。在考核分析的同时，找出成本波动的原因，挖掘降低生产成本、节约成本的潜力。

在成本管理中，要实行指标分解，逐层落实各项成本指标，分段管理和考核，使降低成本的任务在组织上得到保障，并与企业和部门经济责任制相结合。参与成本管理的人员不仅应是专职成本管理人员，而且应包括各部门的生产经营管理人员。要调动广大员工的积极性，实行全面成本管理，最大限度地挖掘企业降低成本的潜力，提高企业的整体成本管理水平。

（五）生产信息体系

生产信息体系和大多数部门息息相关。从销售和开发的协作，到企业内的生产计划、原材料的购买、品质管理、成本管理等，都需要处理多种信息。还有，从原材料的投入开始到产品出货为止，在管理这些复杂的工序时，也需要很多必要的信息。图 1-5 表示的就是制造业企业的一般信息体系，图中所处理的信息是动态信息。

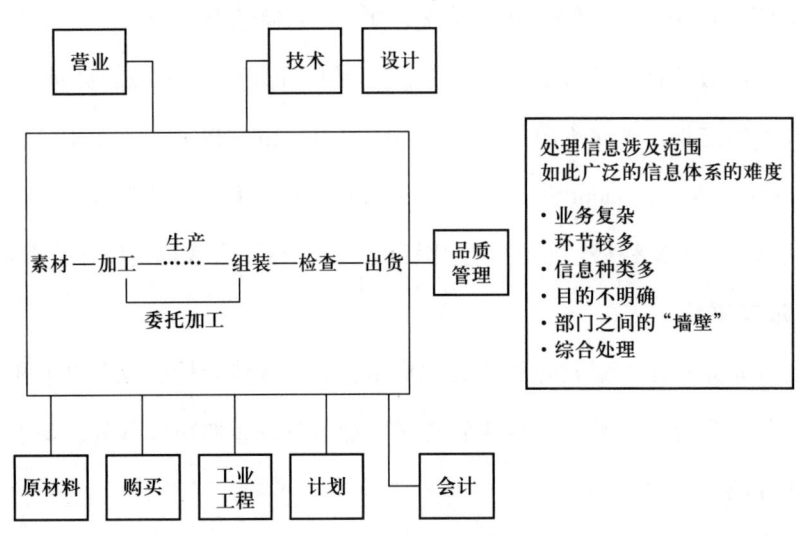

图 1-5　制造企业的一般信息体系

目前，企业最常用的是 ERP，其特征是一种综合性的业务软件包。它是集物资资源管理、人力资源管理、财务资源管理、信息资源管理等于一体的企业管理软件，将企业内部所有资源整合在一起，对采购、生产、成本、库存、分销、运输、财务、人力资源进行规划，从而达到最佳资源组合，取得最佳效益。

（六）供应链管理

供应链管理是提升企业效益的有效途径，表现了企业在战略和战术上对企业整个作业流程的优化。供应链管理模式是顺应市场形势的必然结果，供应链管理能充分利用企业外部资源快速响应市场需求，同时避免自己投资带来的建设周期长、风险高等问题，赢得产品在成本、质量、市场响应、经营效率等各方面的优势，增强企业的竞争力。

供应链是由供应商、制造商、仓库、配送中心和渠道商等构成的物流网络。同一企业可能构成这个网络的不同组成节点，但更多的情况下是由不同的企业构成这个网络中的不同节点。例如，在某个供应链中，同一企业可能既在制造商、仓库节点，又在配送中心节点等占有位置。在分工越细、专业要求越高的供应链中，不同节点基本上由不同的企业组成。在供应链各成员单位间流动的原材料、在制品库存和产成品等构成了供应链上的货物流。统计数据表明，企业供应链可以耗费企业高达25%的运营成本。有效的供应链管理可以帮助实现四项目标：缩短现金周转时间；降低企业面临的风险；实现盈利增长；提供可预测收入。

供应链管理有七项原则。这七项原则是：根据客户所需的服务特性来划分客户群；根据客户需求和企业可获利情况，设计企业的后勤网络；倾听市场的需求信息，设计更贴近客户的产品；时间延迟；确定货源并与供应商建立双赢的合作策略；在整个供应链领域建立信息系统；建立整个供应链的绩效考核准则。

思考题

1. 阐述三相异步电动机的选择原则。
2. 二极管和晶体管的主要参数分别有哪些？
3. 选择工业传感器的关键要素有哪些？
4. 自动控制系统是如何分类的？
5. 简述生产管理的主要职能。

第二章
信息技术基础知识

人们对信息技术的定义,因使用的目的、范围、层次不同而有不同的表述,在工业中,信息技术主要指用于管理和处理信息所采用的各种技术的总称。在当前这种以知识为主的经济市场条件下,信息技术在具备快速处理能力和强大的网络型基础作用的同时,还具备强大的信息渗透力和便携性较高的产业形态,可以提高工业中生产和管理设备操控的自动化程度,实现工业管理上的数字化、标准化和智能化,是保障信息收集和传递的可靠性和有效性、提高工业生产效率的重要手段,在工业的安全生产、规范管理、事故预防和安全调度以及突发性事故的救援等工作中都发挥着十分重要的作用。

工业互联网作为新一代信息技术培育的载体,掌握信息技术基础知识是学习工业互联网知识的前提。本章以信息技术基础知识为出发点,内容涵盖计算机网络技术、通信技术基础、程序设计基础、软件工程基础、数据库技术基础、网络安全技术基础六个方面,旨在帮助工程技术人员快速掌握信息技术基础知识。

- **职业功能:** 信息技术基础知识。
- **工作内容:** 了解面向信息技术的计算机网络技术、通信技术基础、程序设计基础、软件工程基础、数据库技术基础、网络安全技术基础等基础知识。

- **专业能力要求：** 熟悉计算机网络组成，能够搭建并使用计算机网络；了解通信技术相关概念；能够看懂简单的程序语言；了解软件生存周期及开发模型；了解网络安全的威胁和常见防护技术。
- **相关知识要求：** 计算机网络技术；通信技术基础，包括信息传输技术、信息交换技术、现场总线与工业以太网等基础；程序设计基础；软件工程基础，包括软件生存周期和软件开发模型等基础；数据库技术基础；网络安全技术基础。

第一节　计算机网络技术

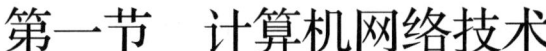

计算机网络是计算机技术与通信技术相结合的产物。经过半个多世纪的发展，网络技术取得了长足的进步，尤其是在过去的十几年里，计算机网络已经渗透到工业生产的方方面面，并且以前所未有的方式改变着企业的生产经营模式。与此同时，工业生产对网络技术人才的需求也越来越迫切。

一、计算机网络概述

计算机网络就是把分布在不同物理位置的计算机与专门的外部设备用通信线路互联成一个规模大、功能强的网络系统，从而使众多的计算机可以方便地互相传递信息，共享硬件、软件、数据信息等资源。

计算机网络主要包含连接对象、连接介质、连接控制机制和连接方式四个方面。对象主要是指各类型的计算机或其他数据终端设备，如大型机、微型计算机、工作站等。介质是指通信线路（如双绞线、同轴电缆、光纤、无线电波等）和通信设备（如网桥、网关、中继器、路由器等）。控制机制主要是指网络协议和各种网络软件。连接方式主要是指网络采用的拓扑结构（如星形、环形、总线形和网状形等）。

二、计算机网络分类及拓扑结构

（一）计算机网络分类

用于计算机网络分类的标准很多，如拓扑结构、应用协议、传输介质、数据交换方式等，但是这些都不能反映网络技术的本质。最能反映网络技术本质特征的分类标准是网络的覆盖范围。按照网络的覆盖范围可以将网络分为局域网（Local Area Network，LAN）、广域网（Wide Area Network，WAN）、城域网（Metropolitan Area Network，MAN）和国际互联网（Internet）。

局域网的地理分布范围在几千米以内，数据的传输距离短，因此传输速率比较高，一般在 10~100 Mbit/s，现在高速的局域网传输速率可达到 1000 Mbit/s。广域网的覆盖范围一般是几百千米到几千千米地理区域，其作用是实现远距离计算机之间的数据传输和信息共享。广域网的数据传输速率比较低，一般在 64 kbit/s~2 Mbit/s。城域网的覆盖范围在局域网和广域网之间，一般为几千米到几十千米。国际互联网并不是一种具体的网络技术，而是将同类和不同类的物理网络（LAN、WAN、MAN）通过某种协议互联起来的一种高层技术。

（二）计算机网络拓扑结构

网络拓扑结构是指用传输介质互联各种设备的物理布局，通俗地讲就是这个网络看起来是一种什么形式。常见的计算机网络拓扑结构有总线形、星形、环形、树形和网状形，其结构如图 2-1 所示。

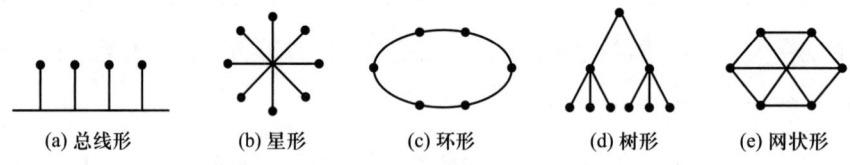

图 2-1　网络拓扑结构

（1）总线形拓扑网络。在总线形拓扑网络中，所有节点共享一条数据通道，如图 2-1（a）所示。总线形结构简单，安装方便，需要铺设的线缆最短，成本低。它的主要缺点是实时性较差，总线上的故障会导致全网瘫痪。

（2）星形拓扑网络。在星形拓扑网络结构中，各节点通过点到点的链路与中央节点连接，如图 2-1（b）所示。该结构的优点是很容易在网络中增加和移动节点，容易实现数据的安全性和优先级控制。缺点是属于集中控制，对中央节点的依赖性大，一旦中央节点有故障，就会引起整个网络瘫痪。

（3）环形拓扑网络。在环形拓扑网络中，节点通过点到点的通信线路连接成闭合环路，如图2-1（c）所示。环形拓扑结构简单、传输延时确定，但是环中每个节点与连接节点之间的通信电路都会成为网络可靠性的屏障。只要环中某一个节点出现故障，都会造成网络瘫痪。另外，网络节点的增加和移动以及环路的维护和管理都比较复杂。

（4）树形拓扑网络。在树形拓扑网络中，网络的各节点形成了一个层次化的结构，如图2-1（d）所示。树中的各个节点通常都为主机。一般来说，树形拓扑网络的层次数量不宜过多，否则转接开销过大，使高层节点的负荷过重。若树形拓扑结构只有两层，就变成了星形结构，因此，可以将树形拓扑结构视为星形拓扑结构的扩展结构。

（5）网状形拓扑网络。在网状形拓扑网络中，节点之间的连接是任意的，没有规律，如图2-1（e）所示。该结构的主要优点是可靠性高，但结构复杂，必须采用路由选择算法和流量控制方法。WAN基本上都是采用这种拓扑结构。

三、网络协议

（一）网络协议概念

在计算机网络的通信过程中，数据从一台计算机传输到另一台计算机称为数据通信或数据交换。同理，网络中的数据通信也需要遵守一定的规则，以减少网路阻塞，提高网络的利用率。网络协议就是为进行网络中的数据通信或数据交换而建立的规则、标准或约定。联网的计算机一级网络设备之间要成功传递数据与控制信息，就必须共同遵守网络协议。

网络协议主要由以下三个要素组成。

（1）语法。确定用户数据与控制信息的结构与格式。

（2）语义。需要发出何种控制信息，完成何种动作以及做出何种应答。

（3）时序。又可称为"同步"，即事件实现顺序的详细说明。

（二）TCP/IP协议

TCP/IP是当今互联网上广泛使用的标准网络通信协议。TCP/IP标准由一系列的文档定义组成，这些文档定义描述了互联网的内部实现机制，以及各种网络服务或服务的定义。TCP/IP 标准并不是由某个特定组织开发的，而是由一些团体共同开发的。任何人都可以把自己的意见作为文档发布，但只有被认可的文档才能最终成为互联网标准。

作为一套完整的网络通信协议，TCP/IP 实际上是一个协议簇，包括 FTP、SMTP、TCP、UDP、IP 等多个协议。因为在 TCP/IP 协议中 TCP 协议和 IP 协议最具代表性，人们习惯上以其中的 TCP 和 IP 两个协议作为这组协议的通称。

TCP/IP 参考模型是当今国际上公认的网络标准，其参考模型共分为四层，由下往上分别为主机 – 网络层、互联层、传输层和应用层。

四、局域网

（一）局域网概述

局域网是一种在有限的地理范围内将大量微机及各种设备互联在一起，以实现数据传输和资源共享的计算机网络。局域网的基本组成包括网络硬件和网络软件两大部分。网络硬件主要包括网络服务器、工作站、外部设备、网卡、传输介质，根据传输介质和拓扑结构的不同，还需要集线器、集中器等，如果要进行网络互联，还需要网关、网桥、路由器、中继器以及网间互联线路等。网络软件根据其在网络系统中所起到的作用不同，可分为协议软件、通信软件、管理软件、网络操作系统和网络应用软件五类。

局域网常用的传输介质有双绞线、同轴线缆、光纤、无线电波等。大多数局域网使用的拓扑结构主要有星形、环形、总线形和网状形等。

（二）无线局域网

无线局域网（Wireless Local Area Network，WLAN）利用电磁波取代了网线，是为了解决有线网络中所存在的布线改线工程量大、线路容易损坏、网络中各节点移动不便等问题而出现的。

WLAN 的常用设备有无线网卡和无线接入点（Wireless Access Point，AP）。有了无线信号的接收设备，自然就还要有无线信号的发射源，这样才能构成一个完整的无线网络环境。AP 就是给无线网络提供网络信号。AP 主要分不带路由功能的普通 AP 和带路由功能的 AP 两种。普通 AP 仅提供无线信号发射的功能，而路由 AP 可实现为拨号接入互联网的 ADSL 等宽带上网方式提供自动拨号功能，也就是说，客户机开机时，网络就可自动接通互联网。并且，路由 AP 还具有相对完善的安全防护功能。

五、网络互联

（一）典型网络互联设备

网络互联是指将分布在不同地理位置、使用不同数据链路层协议的单个网络通过网络互联设备连接，使之成为一个更大规模的互联网络系统。网络互联目的是实现网络间的通信和更大范围的资源共享。但是，不同的网络使用的通信协议往往也不相同，因此网络间的通信必须依靠一个中间设备来进行协议转换，这种转换通过软件或硬件均可实现。但由于软件的转换速度较慢，因此，在网络互联中，往往都是用硬件设备来完成不同协议间的转换功能，这种设备称为网络互联设备。常用的网络互联设备有中继器、网桥、路由器和网关等。

（1）中继器。中继器常用于两个网络节点之间物理信号的双向转发工作，工作在 OSI 参考模型的最底层（物理层），只能用来连接具有相同物理层协议的局域网。其主要功能是放大物理信号、延伸传输介质、扩大网络范围，但不具备检测错误和纠正错误的能力。

（2）网桥。网桥是在 OSI 参考模型的数据链路层上实现网络互联的设备，能够互联两个采用不同数据链路层协议、不同传输介质和不同传输速率的网络。其主要功能是实现不同结构、不同类型局域网络的互联；通过设置、隔离错误信息，保证网络安全；增加网络上工作站的数目等。

（3）路由器。路由器是在 OSI 参考模型的网络层上实现网络互联的设备。异种网络间的互联与多个子网间的互联一般是采用路由器来完成的。其具有数据包过滤、存储转发、路径选择和协议转换等功能。

（4）网关。网关是在传输层及其以上高层上实现多个网络互联的设备。网关既可以是硬件也可以是软件，主要功能是完成传输层及其以上高层协议的转换。

中继器、网桥和路由器都属于通信子网范畴的网间互联设备，与实际的应用系统无关;而网关在很多情况下是通过软件的方法实现的,并且与特定的应用服务一一对应。

(二)网络互联的类型

网络互联的类型主要有以下几种。

(1)局域网-局域网互联(LAN-LAN)。可利用网桥来实现,但是网桥必须支持互联网络使用的协议。

(2)局域网-广域网互联(LAN-WAN)。一般可通过路由器或网关来实现。

(3)局域网-广域网-局域网互联(LAN-WAN-LAN)。可以通过路由器和网关来实现。

(4)广域网-广域网互联(WAN-WAN)。可以通过路由器和网关来实现。

第二节　通信技术基础

通信技术,又称通信工程(也称信息工程、电信工程),是电子工程的重要分支,关注的是通信过程中的信息传输和信号处理的原理和应用,研究的是以电磁波、声波或光波的形式把信息通过电脉冲,从发送端(信源)传输到一个或多个接收端(信宿)。

在智能制造过程中,云平台和工厂生产设施的实时通信、海量传感器和人工智能平台的信息交互,以及人机界面的高效交互,对通信技术有多样化的需求以及极为苛刻的性能要求。本节内容旨在帮助工程技术人员掌握通信工程中的基础知识和技术的应用,培养工程技术人员对通信系统的使用与管理能力。

一、信息处理

为了一定目的，对载荷信息的随机信号进行的变换或对非随机信号进行的变换称为信息处理。信息处理的主要目的有提高有效性、提高抗干扰性、改善主观感觉的效果、对信息进行识别和分类、分离和选择信息等。信息处理一般是对电信号进行处理，但也有对光信号、超声信号等直接进行处理的。

信息处理的主要手段是变换，即编码和译码。例如，为了提高系统的有效性，可以通过信源编码来实现；为了提高系统的安全性，可以通过加密来实现；为了提高系统的可靠性，可以通过信道编码来实现。

（1）信源编码。信源编码器有两个作用：其一，当信息源为模拟信源时，信源编码器将模拟信源输出的模拟信号转换成数字信号（A/D 转换），以实现模拟信号的数字化传输；其二，当信息源为数字信源（离散信源）时，信源编码器设法寻找适当的方法将信源输出符号序列变换成最短的码字序列（即压缩编码），以消除信源符号之间存在的分布不均匀和相关性，减少冗余、提高编码效率，从而提高数字信号传输的有效性。

（2）加密。加密的实质是为了解决通信与信息系统中信息传输、存储的安全性和保密性能。为了通信的安全和保密，可以将用户划分成两类：一类是掌握密钥的授权用户，即合法用户；另一类是不掌握密钥的非授权用户，即非合法用户。密码学的任务就是解决两个合法授权用户间的安全、保密通信，并防止一切非授权的非法用户的窃听和伪造。

（3）信道编码。信道编码是在信息序列上附加一些监督码元，利用这些冗余的码元，使原来不规律或规律性不强大的原始数字信号变为有规律的数字信号，其目的是实现信道与通信系统在可靠性指标下的优化。

二、信息传输技术

（一）信息传输和信道

通信是为了实现信息的传输与交流，信息传输就是将携带信息的信号通过媒体传送到目的地的过程。信源提供的数据、图像等需要传递的信息由用户终端设备变换成需要的信号形式，经传输终端设备进行调制，将其频谱搬移到对应传输媒质的传输频段内，通过传输媒质传输到对方后，再经解调等逆变换，恢复成信宿适合的消息形式。

信道是信号传输的通道。通信的目的就是传输信息，在传递信息的过程中，除发送信号的发送端和接收信号的接收端外，位于中间的信道也是必不可少的。从系统角度看，通信系统一般由信源、发送设备、信道、接收设备、信宿和噪声源组成。通信系统的基本模型如图 2-2 所示。

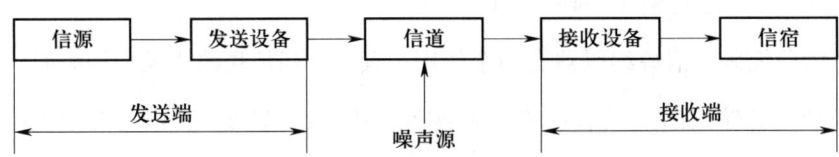

图 2-2 通信系统的基本模型

其中，信源是产生消息的源，把人或设备发出的信息变换为原始的电信号；发送设备是负责将信源发出的信号变成适合于信道传输的信号；接收设备是把传输信道中接收的信号恢复成相应原始信号的设备，与发送设备功能相反；信宿是将复原的原始信号转换成相应的消息的宿端，是受信者。

信道由各种各样的传输媒质支撑，这些媒质包括明线、电缆、光缆以及无线方面的各波段的电磁波等。传输媒质是用于承载传输信息的物理媒体，是传递信号的通道，提供两地之间的传输通路。根据传输信号的特性，信道分为模拟信道和数字信道；根据传输媒质是否有形，信道分为有线信道和无线信道。

（二）传输技术

信息传输技术依据被传信号是模拟的还是数字的，分成模拟传输技术和数字传输技术两大类。

1. 模拟传输技术

根据信号在传输时是否经过调制（即载波频率搬移），完成模拟信号传输的系统分为基带模拟传输系统和高频窄带模拟传输系统两大类。

（1）基带模拟传输系统。如果模拟传输系统不对传输的信号进行任何频率变换（调制），则称该系统为基带传输系统。一般来说，基带模拟传输系统技术十分简单，如日常使用的本地电话，电话机中仅实现声/电变换功能。

（2）高频窄带模拟传输系统。对信源端发出的电信号进行一些调制的变化，将频率搬移到某高频载波附近，使其变成已调信号的传输系统，称为高频窄带模拟传输系统。高频窄带所用的典型技术是调制/解调技术。

2. 数字传输技术

由于数字电路在集成化、小型化和综合化方面远比模拟电路方便，且数字通信抗噪声干扰能力强，无噪声积累，数字信号便于集成、加密和处理，因此，数字传输技术高速发展，在信息的长途传输中，数字化率超过99%。数字化成为现代通信最为基本的特征之一。数字传输技术分为数字基带传输和数字频带传输两大类。

（1）数字基带传输。基带传输是指不经过调制而直接将原始基带信号送到线路上进行传输的一种方式。信源端的模拟信号经过脉冲编码调制（PCM）数字化编码后，输出的数字信号是基群（低次群）的码流，该码流可不经调制，直接在电缆上作短距离传输，这称为基带传输，在此信道上传输的数字信号称为数字基带信号。

（2）数字频带传输。频带传输是指原始电信号在发送端先经过调制后，再送到线路上传输，接收端则要进行相应解调才能恢复原来的基带信号。在无线通道和光纤通道中，数字基带信号必须通过频带调制后才能在带通型信道中传输，这里将信号频谱移到高频段的过程称为调制。数字信号的调制与解调是数字无线通信的关键技术。

三、信息交换技术

（一）交换的方式分类

1. 布控交换和程控交换

布控和程控是交换设备控制部分两种不同的实现方法。布控的全称是布线逻辑控制，程控的全称是存储程序控制。

（1）布控。布控交换是指将交换机各控制部件按逻辑要求设计好，并用电路板布线的方法将各元器件固定连接好，具有一定的逻辑操作功能，在外来信号作用下，交换机的各项功能即能实现的一种控制方法。布控具有做成后不好修改、灵活性小、电路设计麻烦、控制设备动作速度慢等特点。

（2）程控。程控交换是指将交换机话路设备的控制功能预先编制好程序存到存储器中，然后计算机启动运行程序，再通过接口电路控制交换机话路设备接续。即把各种控制功能、步骤、方法变成程序，放入存储器，利用存储器，由所存储的程序控制整个交换机的工作。程控具有灵活性大、适应性强、易于实现维护自动化和集中化、可靠性高、体积小等特点。

2. 模拟交换和数字交换

模拟和数字反映了交换接续的两种不同实现方法。模拟方式是指通过交换机交换接续的信号是模拟信号，数字方式是指通过交换机交换接续的信号是数字信号。对数字方式而言，如果交换机所接终端产生的信号是模拟信号，则需要一个 A/D 或 D/A 转换的过程。

3. 空分交换和时分交换

空分和时分是交换网络的两种不同的实现方式。空分交换由空分交换网络来实现，不同通话话路是通过空间位置的不同来进行分隔的；时分交换是指对时分复用的信号进行交换，时分复用通常采用脉冲编码调制（PCM）。

4. 电交换和光交换

交换的信息载体可分为电交换和光交换两种不同的形式。电交换是指对电信号进行的交换，即交换的信息载体是电流或电压形式的电信号。光交换是指对光信号直接进行的交换。由于被交换的信息载体从电变成了光，从而使光交换具有宽带特性，且不受电磁干扰。光交换系统被认为是可以适应高速宽带通信业务的新一代交换系统。

（二）数字交换技术

常用的数字交换技术有程控交换技术、分组交换技术、ATM 交换技术、IP 与软交换技术。

四、现场总线与工业以太网

随着通信技术、计算机技术和传感器技术的发展,工业生产的信息化得到快速发展。由于工厂现场的特殊性和复杂性,所采用的通信手段也具有多样性,其中应用最多的是现场总线技术和工业以太网等。

(一)现场总线

工厂自动化中,一直存在着各厂商设备尤其是现场检测、执行器难以实现互联、互操作、互换的情况,因而难以与外界实施信息交换。20世纪80年代初,出现了现场总线技术(即网络拓扑中的总线形网),将专用微处理器植入传统的测控装置,使其具有了数字计算和数字通信能力;采用双绞线等作为总线,将现场设备连接成网络系统,按公开规范的通信协议,使现场设备之间测控装置与计算机之间实现数据传输与信息交换,实现全分布式自控系统,构成现场总线控制系统。

现场总线是连接智能现场设备和自动化系统(如过程自动化、制造自动化等)的数字式、双向传输、多分支结构的通信网络。现场总线网络是工厂最低层次的网络,具有实时性高、低速、可靠性高的特点,通常采用简化的 OSI 参考模型,针对自动化的特殊应用,一般在应用层上还添加用户层用于实现自动控制的功能块(一些标准的控制软件模块)。现场总线的传输介质可以是双绞线、同轴线缆、光纤或电力电源线等。

目前,现场总线有很多类型,分别适用于不同的领域。常见的协议有 PROFIBUS DP、Modbus-RTU、CC-Link、DeviceNet、CANopen 等。

(二)工业以太网

以太网用于工业控制可以有效利用高速发展的通用网络技术,从工厂、公司的设计、管理、销售、互联网应用直到目前正在研究的生产现场应用,有利于实现系统的集成和综合自动化。

由于以太网仅提供了 OSI 参考模型中的物理层和数据链路层协议,因此,在工业应用中产生了基于控制和信息协议的新型以太网,即工业以太网。在工业以太网上,为工业控制领域的 TCP/IP 定义了公共的应用层协议,实现了数据传输和网络管理功能，使以太网贯穿于控制系统的各个层次，实现了从设备厂到管理层的直接通信，真正实现企业控制、管理的无缝集成。目前已经出现了采用标准的 WEB 技术，通过互联网实现远程数据采集和控制的系统，应用在一些要求不是太高的工业控制或远程监控系统中。

近几年工业以太网实现了较高的增长，市场份额持续攀升。常见的协议有 PROFINET、EtherNet/IP、EtherCAT、Modbus-TCP、POWERLINK 等。

第三节 程序设计基础

程序设计是给出解决特定问题程序的过程，是软件构造活动中的重要组成部分。程序设计往往以某种程序设计语言为工具，给出这种语言下的程序。本节以常用的 C 语言为例，对程序设计相关概念进行简要介绍。

一、程序设计概述

程序设计语言是为了方便描述计算过程而人为设计的符号语言，是人与计算机之间进行信息交流的工具。程序设计是以某种程序设计语言为工具，编写能在计算机上运行的程序。程序设计过程包括分析、设计、编码、测试、排错等阶段。需要强调的是，程序设计不仅是编写程序，而是从要解决的问题开始，进行问题分析，设计好解决方案后，才能够编写出正确的程序，最后要在计算机上运行才能获得问题的解。

作为计算机学科的关键技术，程序设计语言一直经历着改进和变化。高级程序设计语言有 C/C++、Java、C#、Python、BASIC 等，这些语言不仅容易学习，方便编程，而且提高了程序的可读性。非过程式语言不涉及太多的算法细节，大幅提高了软件生产率。使用最广泛的非过程式语言是结构化查询语言（Structured Query Language，SQL），Oracle、DB2、Sybase 等数据库都可以使用 SQL 进行程序设计。

程序设计语言由模块、语句、单词和基本字符组成。例如，C 程序由一个或多个函数组成，函数由若干条语句构成，语句由单词构成，单词由基本符号构成。在程序设计语言中，字符是最基本的元素，将一些特定的字符按照一定的语法进行排列构成了程序，这些特定的字符组成的集合就是程序设计语言的基本字符集。C 语言的单词有关键字、标识符、运算符和分隔符等，语法单位有表达式、语句和函数等。

二、基本数据类型与表达式

（一）基本数据类型

在实际问题中，数据通常以某种特定形式（如整数、实数、字符、逻辑等）存在，不同形式的数据其处理规则不同。例如，数值计算需要处理整数和实数，整数和实数都可以参与算术运算。

（1）整型。在 C 语言中，整型数据的基本类型说明符是 int。整型数据所占字节数取决于机器字长和编程环境。例如，在 Turbo C 中整型数据占 2 字节，在 Dev C++ 中整型数据占 4 字节。C 语言根据取值范围的不同，将整型数据进一步划分为基本整型（int）、短整型（short int）、长整型（long int）。

（2）实型。实型也称为浮点型，用来表示实数，因此，实型数据也称为实数或浮点数。C 语言提供了单精度（类型说明符是 float）和双精度（类型说明符是 double）两种实数类型，两种类型能否标识数据的精度和范围有所不同。一般情况下，单精度型数据在内存中占 4 字节，双精度型数据占 8 字节。

（3）字符型。计算机不仅可以进行数值计算，而且可以处理非数值信息。字符是最基本的非数值数据，因而在程序设计语言的基本数据类型中大多包含字符型。在 C 语言中，字符型的类型说明符是 char，一般情况下，字符型数据在内存中需要 1 字节存储对应的 ASCII 码。

（4）逻辑型。计算机还能够进行逻辑判断，具备分辨各种情况的信息处理能力。原则上，逻辑型数据只有真和假两个可能的取值，逻辑型数据只能进行逻辑计算。C 语言的逻辑型数据还可以作为数值型数据进行算术运算。

（二）运算符与表达式

C 语言的运算符范围很宽，除控制语句和输入输出以外的几乎所有的基本操作都可以作为运算符处理。C 的运算对象包括常量、变量、函数等。

C 语言的运算种类十分丰富，它既有大家熟悉的算术运算、逻辑运算和关系运算，也支持一些特殊的运算，如指针及位运算等。C 语言的主要运算符有算术运算符、关系运算符、逻辑运算符等，具体见表 2-1。

表 2-1　　　　　　　　　　　C 语言中的运算符

名称	操作符	名称	操作符
算术运算符	+、-、×、/、%	逗号运算符	,
自增、自减运算符	++、--	条件运算符	?:
关系运算符	<、<=、>、>=、==、!=	指针运算符	*和&
逻辑运算符	&&、||、!	求字节数运算符	size of
位运算符（按位运算）	&、|、^、~	赋值运算符	=

最简单的表达式是只含一个常量或变量的表达式，即只含一个操作数而不含运算符的表达式。一个表达式完成一个或多个操作，并最终得到一个结果（即表达式的值），结果的数据类型由参加运算的操作数决定。

三、程序的基本控制结构

理论和实践证明，任何程序均可通过顺序、选择、循环三种基本控制结构构造出来。由这三种基本结构组成的多层嵌套程序称为结构化程序。

（一）顺序结构

顺序结构程序是指按语句出现的先后顺序执行的程序结构，是结构化程序中最简单的结构。编程语言并不提供专门的控制流语句来表达顺序控制结构，而是用程序语句的自然排列顺序来表达。计算机按此顺序逐条执行语句，当一条语句执行完毕后，控制自动转到下一条语句。

（二）选择结构

选择结构又称分支结构。当程序执行到控制分支的语句时，首先判断条件，根据条件表达式的值选择相应的语句执行（放弃另一部分语句的执行）。分支结构包括单分支、双分支和多分支三种形式，常用的有 if 语句、if-else 语句和 switch 语句。

（三）循环结构

利用循环结构可以实现有规律的重复计算处理。程序在执行循环控制语句时，会根据循环判断条件多次重复执行一组语句。循环结构可以看成是一个条件判断语句和一个向后转向语句的组合。循环结构有循环变量、循环体和循环条件三个要素。循环结构在程序框图中用判断框表示，框内写条件，两个出口分别对应条件成立或条件不成立时所执行的指令，其中一个指向循环体，然后再从循环体回到判断框的入口处。常用的循环有 while 循环、do-while 循环和 for 循环。

四、数组

数组是一组有序数据的集合，数组中各数据的排列是有一定规律的，下标代表数据在数组中的序号。构成一个数组的变量称为数组元素。数组有一个统一的名字叫数组名。数组按下标个数分类有一维数组、二维数组和多维数组。C 语言不能整体输入一个数组，也不能整体输出一个数组，通常使用循环语句，在循环体中读取键盘的输入并送到指定的数组元素中，在循环体中输出数组元素。

（一）一维数组

一维数组是最简单的数组，其元素构成一个一维的数据序列。要使用一维数组，需经过定义或声明、初始化和引用等过程。一维数组定义的一般形式为：

类型符 数组名 [常量表达式]；

（二）二维数组

二维数组需要两个下标唯一的标识数组元素，主要用于表示矩阵。同一维数组变量一样，二维数组变量也要先定义后使用。二维数组定义的一般形式为：

类型符 数组名［常量表达式］［常量表达式］；

（三）字符数组

C语言中没有字符串类型，字符串是存放在字符型数组中的。用来存放字符数据的数组是字符数组。字符数组中的一个元素存放一个字符。

五、函数

C程序提倡把一个大问题划分为一个个小问题，为每个小问题编制一个函数。因此，C程序一般由大量的小函数构成，优点是让各部分相互独立且任务单一，这些独立的小函数可作为一种构件，用来构成规模较大的程序。在C程序中，子程序是由一个主函数和若干个函数构成的。由主函数调用其他函数，其他函数也可以互相调用。同一个函数可以被一个或多个函数调用任意多次。在程序设计中，善于利用函数可以减少重复编写程序段的工作量。

C语言要求，程序中用到的所有函数，必须先定义后使用。按照参数的有无，可以将函数分为无参函数和有参函数两种。若函数无返回值，也可指定函数的类型为void。在程序设计中有时会遇到空函数，函数体是空的。

六、指针

指针是C语言的一个重要概念。指针是一个变量，其值是一段内存空间的起始地址。指针使得程序在运行时能够获得内存地址，并通过这个地址访问相应的内存单元。由于指针可以访问内存，因此编程人员可以更灵活地控制程序。

一个变量的地址称为该变量的"指针"。如果有一个变量专门用来存放另一变量的地址（即指针），则称为指针变量。指针变量就是地址变量，用来存放地址，指针变量的值是地址（即指针）。总之，指针是一个地址，而指针变量是存放地址的变量。指针变量定义的一般形式为：

类型名 * 指针变量名；

一个变量的指针的含义包括两个方面：一是以存储单元编号表示的地址（如编号为 2 000 的字节），二是它指向的存储单元的数据类型（如 int、char、float 等）。

函数的参数不仅可以是整型、浮点型、字符型等数据，而且可以是指针类型，它的作用是将一个变量的地址传送到另一个函数中。指针变量的运算规则与它所指的对象类型是密切相关的，所以声明指针时必须声明它用于存放什么类型数据的地址。指针变量可以指向变量，也可以指向数组元素（把某一个元素的地址放到一个指针变量中）。指针变量可以指向一维数组中的元素，也可以指向多维数组中的元素。

第四节　软件工程基础

软件工程是应用计算机科学、工程学、管理学及数学的原则、方法来创建软件的学科，它对指导软件开发、质量控制以及开发过程的管理起着非常重要的作用。通过软件工程的学习，可以对软件工程开发过程有所认识，为工业 App 开发打下基础。

一、软件工程概述

软件工程是指导计算机软件开发和维护的一门工程学科。软件工程采用工程的概念、原理、技术和方法来开发和维护软件，宗旨是为了提高软件生产率、降低生产成本，以较小的代价获得高质量的软件产品。

软件开发过程是把用户要求转化为软件需求,把软件需求转化为设计,用代码来实现设计,对代码进行测试,完成各阶段的文档编制,并确认软件可以投入运行使用的过程。

二、软件生存周期

软件生存周期是借用工程中产品生存周期的概念而来的,是指某一软件项目从被提出并着手实现开始,直到该软件报废或停止使用为止所经历的时间。软件的生存周期一般分为软件计划、软件开发和软件运行三个时期。软件计划时期分为问题定义和可行性研究两个阶段,软件开发时期有需求分析、软件设计(包括概要设计、详细设计)、编码和测试四个阶段,软件运行时期主要是维护阶段。图2-3列出了一个典型的软件生存周期。

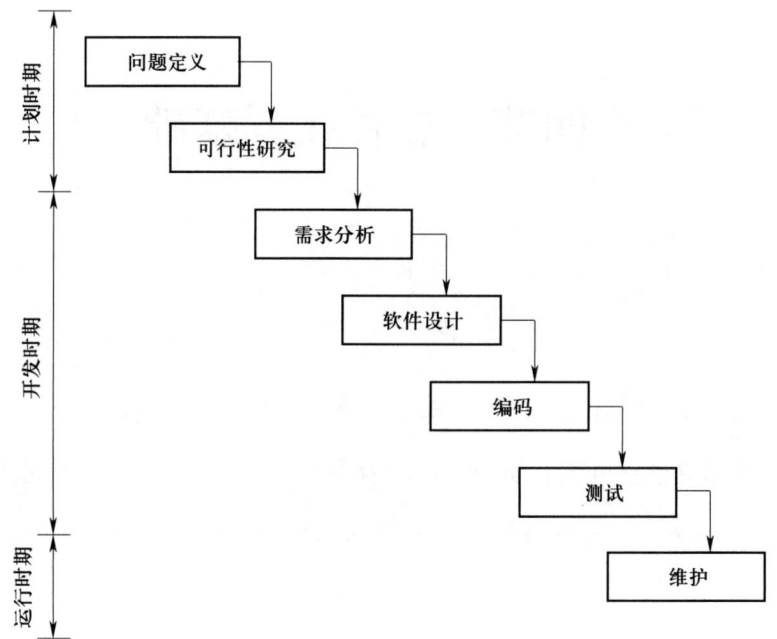

图2-3 典型的软件生存周期

(一)计划时期

计划时期的主要任务是调查用户需求,分析新系统的主要目标,分析开发该系统的可行性。用户提出一个软件开发要求后,系统分析员首先要分析该软件项目的性质是什么。该问题通过对用户和使用部门负责人的访问和调查，开会讨论即可得到解决。

（1）问题定义。问题定义是计划时期的第一步。这一步必须回答的问题是"用户需要计算机解决的问题是什么"。由系统分析员提出关于"系统目标与范围的说明"，请用户审查和认可。

（2）可行性研究。在对问题的性质、目标、规模清楚后，还要确定该问题有没有行得通的解决办法。在这个阶段，要为前一步提出的问题寻找一种以上在技术上可行且在经济上有较高效益的可操作解决方案。系统分析员应在高层次上做一次简化的、抽象的需求分析和概要设计。最后写出可行性研究报告。

（二）开发时期

开发时期要完成设计（需求分析、概要设计和详细设计）、编码和测试三大任务。

1. 需求分析

需求分析阶段仍然不是具体解决问题，其任务在于弄清用户对目标系统的全部需求，准确地确定"目标系统必须做什么"，确定目标系统必须具备哪些功能。需要用"需求规格说明书"的形式来表达，需求规格说明书应包括对软件的功能需求、性能需求、环境约束和外部接口等的描述，这些文档既是对用户确认的系统逻辑模型的描述，也是下一步进行设计的依据。

2. 概要设计

概要设计又称为总体设计，这个阶段必须确定应该怎样实现目标系统，其主要任务是将需求转变为软件的表示形式。开发人员要把确定的各项功能需求转换成需求的体系结构，即从需求规格说明书导出软件结构图，确定由哪些模块组成及模块之间的关系。同时，还要设计该项目的应用系统的总体结构数据和数据库结构。

3. 详细设计

这个阶段不是编写程序，其任务是应该怎样具体实现这个系统。为概要设计阶段得到的软件结构图中的每个模块完成的功能进行具体描述，要把功能描述转变为精确的、结构化的过程描述，即确定实现模块功能所需要的算法和数据结构，并用相应的详细设计工具表示出来。

4. 编码

该阶段是按照选定的语言，把设计的每一个模块的过程描述翻译为计算机可接受的源程序。写出的程序应该与设计一致，并且结构好、清晰易读。

5. 测试

本阶段是保证软件质量的重要阶段。按照不同的层次，又可细分为单元测试、集成测试、验收测试。单元测试是查找各模块在功能和结构上存在的问题；集成测试是将各模块按一定顺序组装起来的测试，主要是查找各模块之间接口上存在的问题；验收测试是按照需求规格说明书的规定，由用户参加的对目标系统进行的验收。

（三）运行时期

软件人员在这一时期的主要工作是做好软件维护。运行时期是时间最长的阶段。已交付的软件投入正式使用后，便进入软件维护阶段，它可以持续几年甚至几十年。软件在运行过程中可能会发现潜藏的错误，需要对它们进行诊断和改正，这称为改正性维护。也可能为了适应变化了的软件工作环境而需要进行适应性维护。还可能是软件经过漫长的运行时期，用户业务发生变化而对软件提出新的功能要求和性能要求。这种增加软件功能、增强软件性能的维护称为完善性维护。另外，还有为了提高软件的可维护性和可靠性而对软件进行修改的预防性维护。

三、软件开发模型

软件开发模型是为整个软件建立的模型。目前具体的软件开发模型包括几十种，如瀑布模型、快速原型模型、增量模型、螺旋模型、喷泉模型、构建集成模型、转换模型和净室模型等。

1. 瀑布模型

瀑布模型也称为生命周期模型，是将软件生命周期各个活动规定为依线性顺序连接的若干阶段的模型。瀑布模型现在仍然是软件工程中应用最广泛的过程模型。该模型以文档为驱动，适合于需求很明确的软件项目开发。

2. 快速原型模型

快速建立一个能够反映用户主要需求的原型系统，让用户在计算机上试用，通过实践让用户了解未来目标系统的概貌,以便判断哪些功能是符合需要的,哪些方面需要改进。该模型的生存期模型包括需求分析、原型开发、原型评价、最终软件设计和最终软件实现五个阶段。

3. 增量模型

增量模型也称为渐增模型,是瀑布模型的顺序特征和快速原型法的迭代特征相结合的产物。它是一种非整体开发的模型,把软件产品作为一系列的增量构件来设计、编码、组装和测试。每个构件由多个相互作用的模型构成,并且能够完成特定的功能。增量模型具有较大的灵活性,适合于软件要求不明确、设计方案有一定风险的软件项目。

4. 螺旋模型

该模型是目前实际软件项目开发中比较常用的一种开发模型。一些复杂的大型软件开发总存在一些风险,螺旋模型则加入了瀑布模型与增量模型都忽略了的风险分析,即将两种模型结合起来,弥补了两种模型的不足。螺旋模型是一种风险驱动的模型,也是一种迭代模型,它把开发过程分为几个螺旋周期,每迭代一次,螺旋线就前进一周。该模型适合于大规模、高风险的软件开发项目。

5. 喷泉模型

该模型是一种比较典型的面向对象软件开发模型,以用户需求为动力,以对象作为驱动的模型,适合面向对象的开发方法。喷泉模型克服了瀑布模型不支持软件重用和多项开发活动集成的局限性,使开发过程具有迭代性和无间隙性。

6. 基于形式化的开发模型

变换模型和净室模型是两种比较典型的适合于形式化开发的模型。变换模型是结合形式化软件开发方法和程序自动生成技术的一种软件开发模型,它采用严格的、数学的表示体系来表示软件规格说明,从软件需求形式化说明开始,经过一系列变换,最终得到系统的目标程序。净室模型是一种形式化的增量开发模型,力求在分析和设计阶段就消除缺陷,确保正确,然后在无错误或"净室"的状态下实现软件的开发。

第五节　数据库技术基础

工业互联网最核心的是数据，数据最核心的是数据库。数据库技术是信息系统的一个核心技术。数据库技术研究和解决了计算机信息处理过程中大量数据有效地组织和存储的问题，使得可以在数据库系统中减少数据存储冗余、实现数据共享、保障数据安全以及高效地检索数据和处理数据。

数据库技术作为信息时代管理和控制数据信息的主要技术，受到计算机及其应用领域相关人员的普遍重视。

一、数据库系统概论

数据库就是信息的集合，它是收集计算机数据的仓库，系统用户可以对这些数据执行一系列操作。数据库技术是研究数据库的结构、存储、设计、管理和应用的一门软学科。数据库系统本质上是一个用计算机存储信息的系统。数据库管理系统（Database Management System，DBMS）是位于用户与操作系统之间的一层数据管理软件，基本目标是提供一个方便、有效地存取数据库信息的环境。

设计数据库管理系统的目的是管理大量信息，给用户提供数据的抽象视图，即系统隐藏有关数据存储和维护的细节。

对数据的管理方式有信息存储结构的定义、信息操作机制的提供、安全性保证以及多用户对数据的共享问题。

二、E-R 模型

通常，使用实体—联系图（Entity-Relationship Diagram，E-R 图）来建立数据模型。相应地，可把用 E-R 图描绘的数据模型称为 E-R 模型。

（一）基本成分

E-R 图中包含了实体（即数据对象）、关系和属性三种基本成分，通常用矩形框代表实体，用连接相关实体的菱形框表示关系，用椭圆形或圆角矩形表示实体（或关系）的属性，并用直线把实体（或关系）与其属性连接起来。

实体：具有相同属性的实体具有相同的特征和性质，用实体名及其属性名集合来抽象和刻画同类实体；在 E-R 图中用矩形表示，矩形框内写明实体名；如学生张三丰、学生李寻欢都是实体。如果是弱实体，则在矩形外面再套实线矩形。

属性：实体所具有的某一特性，一个实体可由若干个属性来刻画。在 E-R 图中用椭圆形表示，并用无向边将其与相应的实体连接起来；如学生的姓名、学号、性别都是属性。如果是多值属性，则在椭圆形外面再套实线椭圆；如果是派生属性，则用虚线椭圆表示。

联系：数据对象彼此之间相互连接的方式称为联系，也称为关系。联系可分为一对一联系（1∶1）、一对多联系（1∶N）、多对多联系（$M∶N$）三种。

（二）设计过程

在仔细分析用户组织的信息管理需求中涉及的各个客体的基础上，就每一个 E-R 图（分 E-R 图）的设计来说，主要分成以下三个步骤。

第一步是确定实体集。

第二步是确定实体集中那些有联系的两个实体集之间的联系集，并用直线把由菱形框表示的联系集和有其联系且由矩形框表示的两个实体集连接起来。

第三步是确定每个实体集和联系集的属性和标识码。

三、关系数据库

常见的数据库类型主要有两种，为关系数据库和非关系型数据库（一般指

NoSQL）。关系数据库是数据库应用的主流，许多数据库管理系统的数据模型都是基于关系数据模型开发的。随着近些年技术方向的不断拓展，大量的 NoSQL 数据库如 MongoDB、Redis 等出于简化数据库结构、避免冗余、影响性能的表连接、摒弃复杂分布式的目的被设计。

（一）关系数据库概念

关系数据库是指采用了关系模型来组织数据的数据库，其以行和列的形式存储数据，以便于用户理解。关系数据库这一系列的行和列称为表，一组表组成了数据库。用户通过查询来检索数据库中的数据，而查询是一个用于限定数据库中某些区域的执行代码。关系模型可以简单理解为二维表格模型，而一个关系数据库就是由二维表及其之间的关系组成的一个数据组织。

（二）关系操作

关系模型中常用的关系操作包括查询操作以及插入、删除、修改操作两大部分。关系的查询表达能力很强，是关系操作中最主要的部分。查询操作又可以分为选择、投影、连接、除、并、差、交、笛卡儿积等。其中选择、投影、并、差、笛卡儿积是五种基本操作，其他操作可以用基本操作来定义和导出。关系操作的特点是集合操作方式，即操作的对象和结果都是集合。

早期的关系操作能力通常用代数方式或逻辑方式表示，分别称为关系代数和关系演算。现在还有一种介于关系代数和关系演算之间的结构化查询语言（Structured Query Language，SQL）。SQL 不仅具有丰富的查询功能，而且具有数据定义和数据控制功能，是集查询、数据定义语言、数据操纵语言和数据控制语言于一体的关系数据语言。

（三）关系的完整性

关系模型的完整性规则是对关系的某种约束条件。关系模型中有实体完整性、参照完整性和用户定义的完整性三种完整性约束。其中，实体完整性和参照完整性是关系模型必须满足的完整性约束条件，被称作是关系的两个不变性，应该由关系系统自动支持；用户定义的完整性是应用领域需要遵循的约束条件，体现了具体领域中的语义约束。

四、关系数据库标准语言 SQL

SQL 是高级的非过程化编程语言，允许用户在高层数据结构上工作。它不要求用户指定对数据的存放方法，也不需要用户了解具体的数据存放方式，所以具有完全不同底层结构的不同数据库系统，可以使用相同的结构化查询语言作为数据输入与管理的接口。结构化查询语言语句可以嵌套，这使它具有极大的灵活性和强大的功能。

（一）SQL 的功能

SQL 具有数据查询、数据定义、数据操纵和数据控制的功能。

（1）数据查询功能：数据查询是数据库的核心操作，通过 SELECT 语句查询所需要的数据库信息。

（2）数据定义功能：能够定义数据库的三级模式结构，即外模式、全局模式和内模式结构。在 SQL 中，外模式又叫作视图（View），全局模式简称模式（Schema），内模式由系统根据数据库模式自动实现，一般无须用户过问。

（3）数据操纵功能：包括对基本表和视图的数据插入、删除和修改，特别是具有很强的数据查询功能。

（4）数据控制功能：主要是对用户的访问权限加以控制，以保证系统的安全性。

（二）SQL 的组成

1. 操作对象

表和视图是 SQL 的操作对象。表就是关系模型中的关系。表由表名、表结构（关系模式）和数据三部分组成。表的名字和结构存储在数据库管理系统的数据字典中，表中的数据保存在数据库中。视图是一个特殊的表，基本上可以把它当作表使用。

2. 操作分类

SQL 语言包括了对数据库的所有操作，在功能上可以分为以下四个部分。

（1）数据定义语言（Data Definition Language）：用来定义数据库的逻辑结构，包括定义表、视图和索引。数据定义只是定义结构，不涉及具体的数据。数据定义语句的执行结果是在数据字典中记录下了这些定义。

（2）数据操纵语言（Data Manipulation Language）：包括数据查询和数据更新两大类操作。数据更新包括插入、删除和修改操作。数据操纵就是指对数据库中数据进行的这些存取操作。

（3）数据控制语言（Data Control Language）：这一部分包括对数据的安全性控制、完整性规则的描述以及对事务的控制语句。

（4）嵌入式 SQL（Embedded SQL）：规定如何在 C、Fortran、Cobol 等宿主语言中使用 SQL 的规则。

五、数据库管理

数据库管理属于数据库维护的范围。广义而言，是数据库设计以后的一切数据库管理活动，包括数据库模型创建、数据加载、数据库系统日常维护活动等；狭义而言，是数据库系统运行期间采取的对数据库的活动，如数据服务、性能监督、数据库重组、数据库重构、数据库完整性控制和安全性控制、数据库恢复等各个方面。数据库管理的目的，是为数据库用户提供一个可用性好、安全可靠、性能优秀的数据库环境。

（一）数据库管理内容

1. 数据库的建立

数据库的建立包括数据模式的建立及数据加载两部分内容。

2. 数据库的调整

数据库建立并经一段时间运行后往往会产生一些不适应的情况，此时需要对其进行调整。数据库的调整一般由数据库管理员（DBA）完成。

3. 数据库的重组

数据库在经过一定时间运行后，性能会逐步下降，下降的原因主要是由于不断地修改、删除与插入所造成的。基于这些原因需要对数据库进行重新整理，重新调整存储空间，这种工作称为数据库重组。目前，一般关系数据库管理系统（RDBMS）都提供一定手段，以实现数据重组功能。

4. 数据库的安全性控制与完整性控制

数据库是一个单位的重要资源，它的安全性是极端重要的，数据库管理员应采取措施保证数据不受非法盗用与破坏。此外，为保证数据的正确性，使录入库内的数据均能保持正确，需要有数据库的完整性控制。

5. 数据库的故障恢复

一旦数据库中的数据遭受破坏，就需要及时进行恢复。关系数据管理系统一般都提供这种功能，并由数据库管理员负责执行故障恢复功能。

6. 数据库的监控

数据库管理员需随时观察数据库的动态变化，在发生错误、故障或产生不适应情况时随时采取措施。同时，数据库管理员还需监视数据库的性能变化，在必要时对数据库进行调整。

（二）数据库管理特点

1. 数据的集成性

数据库系统中采用统一的数据结构方式，使数据结构化；全局的数据结构由多个应用程序共用，各程序调用局部结构的数据，全局与局部的结构模式构成数据集成。

2. 数据高度共享、低冗余

数据库系统从整体角度看待和描述数据，数据面向整个系统而不再面向某个应用，因此数据可以被多用户、多应用共享。数据共享程度极大地减少数据的冗余度，节约存储空间，而且能避免数据之间的不相容性和不一致性。

3. 数据独立性高

数据的独立性是指用户的应用程序与数据库中数据是相互独立的，即当数据的物理结构和逻辑结构发生变化时，不影响应用程序对数据的使用。

4. 数据的管理和控制能力

数据库系统对数据统一管理和控制，保证了数据的安全性和完整性。数据库系统对访问用户身份及其操作的合法性进行检查；自动检查数据的一致性、相容性，保证数据符合完整性约束条件；以并发控制手段有效控制多用户程序同时对数据进行操作，保证共享及并发操作；恢复功能保障当数据库遭到破坏时能自动恢复到正确状态。

工业互联网工程技术人员——工业互联网基础知识

第六节 网络安全技术基础

在全球信息化的背景下,信息已成为一种重要的战略资源。信息的应用涵盖国防、政治、经济、科技、文化等各个领域,在社会生产和生活中的作用越来越显著。随着互联网在全球的普及和发展,计算机网络成为信息的主要传播媒介。网络信息技术的应用更加普及和广泛,应用层次逐步深入,应用范围不断扩大。国家发展和社会运转、计算机网络的全球互联,都显现出人类活动对计算机网络的依赖性不断增强,这也使网络安全问题更加突出,并受到越来越广泛的关注。计算机网络的安全性已经成为当今信息化建设的核心问题之一。

一、网络安全概念

网络安全有广义和狭义之分。广义网络安全强调的是整个信息系统的安全,从本质上讲就是网络上的信息安全,它涉及的领域相当广泛,强调的是对整个网络而不是网络中的某个或某些单元进行保护,需要研究的除网络上的信息安全内容外,还包括研究如何提高网络系统的软件与硬件的安全性能,防范用户(或罪犯)从外部对网络进行攻击,以保证系统的运行安全及传输安全。由于目前的公用通信网络中存在着各种各样的安全漏洞和威胁,因此,凡是涉及网络上的信息的保密性、完整性、可用性、真实性和可控性的相关技术和理论,都是广义网络安全的研究领域。狭义网络安全是指网络系统的硬件、软件及其系统中的数据受到保护,不因偶然的或者恶意的原因而遭到破坏、更改、泄露,系统能够连续、可靠、正常地运行,网络服务不中断。实际上，网络安全问题包括网络的系统安全和网络的信息安全两方面的内容。网络安全的最终目标是保护网络的信息安全。

网络安全是信息安全的引申，信息安全是指对信息的保密性、完整性和可用性的保护，而网络安全则是对网络信息保密性、完整性和网络系统可用性的保护。网络安全主要包括用户身份验证、访问控制、数据完整性、数据加密、病毒防范等内容，其中数据的保密性、完整性、可靠性、真实性和可控性等方面的技术问题是网络安全研究的重要课题。

二、网络安全的属性

网络安全的属性是指网络系统的保密性、完整性、可用性、可控性和不可抵赖性这五个方面的性能。一个网络只有具备这五个方面的属性，才能说是安全的。

（1）保密性。保密性是指确保信息不暴露给非授权的实体或进程，即信息的内容不会被未授权的第三方所知。通常，通过访问控制阻止非授权用户获得机密信息，还通过加密阻止非授权用户获知信息内容。

（2）完整性。完整性是指信息不被偶然或蓄意地删除、修改、伪造、乱序、重放、插入等破坏的特性。只有得到允许的人才能修改实体或进程，并且能判别出实体或进程是否已被篡改，即信息的内容不能为未授权的第三方修改。信息在存储或传输时不被修改、破坏，不出现信息包的丢失、乱序等。

（3）可用性。得到授权的实体在需要时可访问资源和服务。可用性是指网络系统能保证信息和系统不间断地为授权者提供服务，而不会出现非授权者滥用和对授权者拒绝或中断服务的情况。攻击者通常采用占用资源的手段阻碍授权者的工作。

（4）可控性。可控性主要是指危害国家信息（包括利用加密的非法通信活动）的监视审计，控制授权范围内的信息的流向及行为方式。使用授权机制，控制信息传播的范围、内容，必要时恢复密钥，实现对网络资源及信息的可控性。

（5）不可抵赖性。也称作不可否认性。不可抵赖性是面向通信双方（人、实体或进程）信息真实统一的安全要求，它包括收、发双方均不可抵赖。一是源发证明，它提供给信息接收者以证据，这将使发送者谎称未发送过这些信息或否认它的内容的企图不能得逞；二是交付证明，它提供给信息发送者以证明，这将使接受者谎称未接收过这些信息或者否认它的内容的企图不能得逞。不可抵赖性一般通过数字签名等技术来实现。

三、网络安全的威胁

故意危害互联网安全的主要有故意破坏者（又称黑客）、不遵守规则者、刺探秘密者三种人。故意破坏者企图通过各种手段破坏网络资源和信息，如涂抹其他人的主页、修改系统配置、造成系统瘫痪；不遵守规则者企图访问不允许访问的系统，其可能仅仅是网上找些资料，也可能是意图盗用其他人的计算机资源（如中央处理器时间）；刺探秘密者企图通过非法手段侵入他人系统，以窃取重要秘密或个人资料。

总的来说，网络面临的威胁主要来自以下几个方面。

（1）黑客攻击。现今，黑客技术逐渐被越来越多的人掌握和发展，因此，系统、站点遭受攻击的可能性就变大了。尤其是，现在还缺乏针对网络犯罪卓有成效的反击和跟踪手段，黑客攻击的隐蔽性好、"杀伤力"强，成为网络安全的主要威胁。

（2）管理欠缺。网络系统的严格管理是企业、机构及用户免受攻击的措施，但事实上很多企业、机构及用户的网站或系统都疏于这方面的管理。

（3）网络缺陷。互联网的共享性和开放性使网上信息安全存在先天不足，因为其赖以生存的 TCP/IP 簇缺乏相应的安全机制，而且互联网最初的设计基本上没有考虑安全问题，因此在安全可靠、服务质量、宽带和方便性等方面存在不适应性。

（4）软件漏洞或"后门"。随着软件系统规模的不断扩大，系统中的安全漏洞或"后门"也不可避免，如常用的操作系统、各类服务器、浏览器、桌面软件等都被发现过存在安全隐患。

（5）企业网络内部。网络内部用户的误操作、资源滥用和恶意行为，使再完善的防火墙也无法抵御。防火墙无法防止来自网络内部的攻击，也无法对网络内的滥用做出反应。

四、网络安全常见的防护技术

计算机网络安全技术是一项庞大而复杂的系统工程，不断改进的技术和不断改进的安全方法可以保证网络的安全。从技术上讲，网络系统安全主要包括安全应用机制、安全操作系统、网络监控、防火墙、入侵监控、数据加密、系统恢复、安全检测等几个部分。需要注意的是，无论哪一个单独组件都无法保证计算机网络的安全。下面主要介绍防火墙技术、网络加密技术和网络防病毒技术三种常见的防护技术。

（一）防火墙技术

防火墙技术可以加强对网络间相互访问的控制，防止其他用户使用非法手段入侵内部网络并获取相关网络资源，从而保障内部网络的安全。典型的防火墙技术包括包过滤型防火墙、应用级网关、电路级网关、代理服务防火墙和复合型防火墙等。这些技术的选择要根据具体情况而定。

1. 包过滤型防火墙

包过滤型防火墙产品为入门级产品，主要用于网络分包传输方式。在网络中，要传输的信息通常以分组的形式执行，其中信息被分成若干数据分组，每个数据分组包含一定量的数据，例如信息的目的地、信息的源地址、目的地端口等。防火墙通过查看数据包中的实际数据来判断信息的信任度。如果认定相关信息的来源是一些危险网站，则禁止该部分信息进入。包过滤型防火墙技术的优点是简洁、实用、速度快、成本低，缺点是只能利用特定信息来判断数据包是否安全，无法识别恶意入侵。

2. 应用级网关

应用级网关主要控制对应用程序的访问，能够检查进出的数据包，通过网关复制、传递数据来防止在受信任的服务器与不受信任的主机间直接建立联系。应用级网关不仅能够理解应用层上的协议，而且提供一种监督控制机制，使网络内、外部的访问请求在监督机制下得到保护。同时，还能对数据包进行分析、统计并详细记录。应用级网关和包过滤型防火墙有一个共同的特点是，仅仅依靠特定的逻辑判断来决定是否允许数据包通过。应用级网关的优点是具有较强的访问控制功能，缺点是每一种协议都需要相应的代理软件，实现起来比较困难，使用时工作量大，效率不如网络级防火墙高。

3. 电路级网关

电路级网关是一种特殊的防火墙，通常工作在 OSI 参考模型中的会话层上。它只依赖于 TCP 连接，而不关心任何应用协议，也不进行任何的包处理或过滤。实际上，电路级网关一般要和其他应用级网关结合在一起使用。电路级网关最大的优点是主机可以被设置成混合网关。

4. 代理服务防火墙

代理服务防火墙工作在 OSI 参考模型的最高层（应用层），是针对包过滤型防火墙和应用级网关技术存在的仅仅依靠特定的逻辑判断这一缺点而引入的防火墙技术。代理服务防火墙将所有跨越防火墙的网络通信链路分成两段，用代理服务上的两个"链接"来替代：外部计算机的网络链路只能到达代理服务器，从而起到隔离防火墙内外计算机系统的作用。代理服务防火墙具有安全性和可靠性高的优点，但也存在设置复杂、对整体性能影响大的缺点。

5. 复合型防火墙

由于对更高安全性的要求，常常把基于包过滤的防火墙与基于代理服务的防火墙结合起来，形成复合型防火墙。

（二）网络加密技术

密码技术是保障信息安全的核心技术。网络加密技术是通过密码算术对数据进行转化，使之成为没有正确密钥任何人都无法读懂的报文。数据在网络通信过程中的加密方式主要有链路加密、节点加密和端对端加密三种。

1. 链路加密

链路加密是指只在数据链路层对传输数据进行加密，主要用于对信道或链路中可能被截获的那一部分数据信息进行保护，一般的网络安全系统都采用这种方式。因为在链路加密下，只对通信链路中的数据加密，而不对网络节点内的数据加密，所以节点内的数据报文是以明文出现的。链路加密的优点是简单，实现起来比较容易。缺点是由于全部报文以明文形式通过各节点，因此这些节点上的数据容易受到非法存取的危险；另外，由于每条链路都需要一对加密、解密设备和一个独立的密钥，因此成本较高。

2. 节点加密

节点加密是对链路加密的改进，在操作方式上与链路加密类似：两者都在通信链路上为传输的报文提供安全性，都在中间节点先对报文进行解密，然后加密。因为加密过程有传输的数据，因此加密过程对用户是透明的。节点加密的优点是比链路加密成本低，而且更安全。缺点是节点加密要求报头和路由信息以明文形式传输，以便中间节点能得到如何处理消息的信息，对于防止攻击者分析通信业务仍然是脆弱的。

3. 端对端加密

该加密方式允许数据在从源点到终点的传输过程中始终以密文形式存在。消息在整个传输过程中均受到保护，即使节点被破坏，也不会使消息泄露。它是对整个网络系统采取保护措施，而链路加密只对整个链路的通信采取保护措施。端对端加密结合了链路加密和节点加密的所有优点，成本更低，更可靠，更容易设计、实现和维护。缺点是由于端点加密只是加密报文，数据报头仍需保持明文形式，所以数据报头容易被报文分析者利用，且端点加密的密钥数量大，密钥管理也比较困难。

（三）网络防病毒技术

目前，对信息安全的最大威胁是计算机病毒。计算机病毒是一种人为制造的侵入计算机内部，可以自我繁殖、传播，并在计算机运行中对计算机信息或系统起破坏作用的一组程序或指令集合。网络病毒是指通过计算机网络进行传播的病毒，病毒在网络中的传播速度更快、传播范围更广、危害性更大。随着网络应用的不断拓展，计算机网络的病毒防护技术也被越来越多的企业IT决策人员及广大的计算机用户所关注。在计算机网络环境中，仅使用独立的杀毒软件很难完全消除计算机病毒。因此，针对网络中各种病毒攻击的可能性，设计有针对性的防病毒软件，采用多层次、全方位的防病毒系统配置，可以使网络最大限度地抵御病毒。

用于网络的防病毒软件很多，其中，大多数网络防病毒软件是运行在文件服务器上的。网络防病毒软件的基本功能是对文件服务器和工作站进行查毒扫描,发现病毒后立即报警并隔离带毒文件,由网络管理员负责清除病毒。防病毒软件一般提供实时扫描、预置扫描和人工扫描三种扫描方式。

思考题

1. 计算机网络拓扑结构有哪些?各有什么特点?
2. 信息处理手段有哪些?
3. 常用的程序基本控制结构有哪些?
4. 简述软件生存周期有哪些阶段?
5. 简述数据库管理的内容及特点。
6. 常见计算机网络安全威胁有哪些?如何保障网络安全?

第三章
工业互联网基础知识

工业互联网是新一代信息通信技术与工业经济深度融合的新型基础设施、应用模式和工业生态，通过对人、机、物、系统等的全面连接，构建起覆盖全产业链、全价值链的全新制造和服务体系，为工业乃至产业数字化、网络化、智能化发展提供了实现途径，是第四次工业革命的重要基石。

工业互联网包含网络、平台、数据、安全四大体系，它以网络为基础、平台为中枢、数据为要素、安全为保障，既是工业数字化、网络化、智能化转型的基础设施，也是互联网、大数据、人工智能与实体经济深度融合的应用模式，同时也是一种新业态、新产业，将重塑企业形态、供应链和产业链。

第一章和第二章分别重点介绍了工业互联网的工业生产和信息技术基础知识，本章开始着重介绍工业互联网基础知识，内容涵盖工业互联网网络体系、工业互联网标识解析体系、工业互联网平台架构和工业互联网安全体系，旨在帮助工程技术人员了解工业互联网，快速掌握工业互联网基本知识以及场景应用。

- **职业功能：** 工业互联网基础知识。
- **工作内容：** 了解工业互联网网络体系、标识解析体系、平台架构及安全体系等基础知识。
- **专业能力要求：** 了解工厂内部网络、工厂外部网络架构及典型技术；了解工业互联网标识解析部署架构及典型应用；了解工业互联网平台架构体系及应用场景；了解工业互联网安全防护措施。

● **相关知识要求：**工业互联网网络体系，包括工厂内部网络、工厂外部网络等；标识解析体系，包括标识载体、部署架构、典型应用等；工业互联网平台架构，包括平台架构体系、平台特征、平台应用场景；工业互联网安全体系，包括安全威胁和安全防护措施。

第一节　工业互联网网络体系

网络体系是工业互联网的基础，并且工业互联网发展对网络基础设施提出了更高的要求。工业互联网网络体系将连接对象延伸到工业全系统、全产业链、全价值链，可实现人、物品、机器、车间、企业等全要素，以及设计、研发、生产、管理、服务等各环节的泛在深度互联。

一、工业互联网网络概述

工业互联网网络体系包括网络互联、数据互通和标识解析三部分。网络互联实现工业互联网要素之间的数据传输，数据互通实现要素之间传输信息的相互理解，标识解析实现要素的标记、管理和定位。网络互联、数据互通和标识解析三者共同协作，实现工业全系统的互联互通，促进工业数据的充分流动和无缝集成。根据网络接入的形式，工业互联网网络化技术可以分为有线网络和无线网络；根据网络的范围和规模，工业互联网网络化技术可以分为企业内网和企业外网。

网络互联典型技术包括传统的工业总线、工业以太网以及时间敏感网络（TSN）、确定性网络（DetNet）、5G 等技术。企业外网根据工业高性能、高可靠、高灵活、高安全网络需求进行建设，用于连接企业各地机构、上下游企业、用户和产品。企业内网用于连接企业内人员、机器、材料、环境、系统，主要包含信息网络和控制网络。当前，内网技术发展呈现三个特征：生产管理网络和工业控制网络正走向融合，工业现场总线向工业以太网演进，工业无线技术加速发展。

二、工厂内部网络

工厂内部网络是在工厂内部用于生产要素以及信息系统之间互联的网络,包括人、机器、材料、环境等。

(一)工厂内部网络典型网络架构

工厂内部网络呈现"两层三级"的结构,如图 3-1 所示。"两层"是指"工厂控制网络"和"工厂信息网络";"三级"是根据目前工厂管理层级的划分,网络也被分为"现场级""车间级""工厂级/企业级"三个层次,每层之间的网络配置和管理策略相互独立。

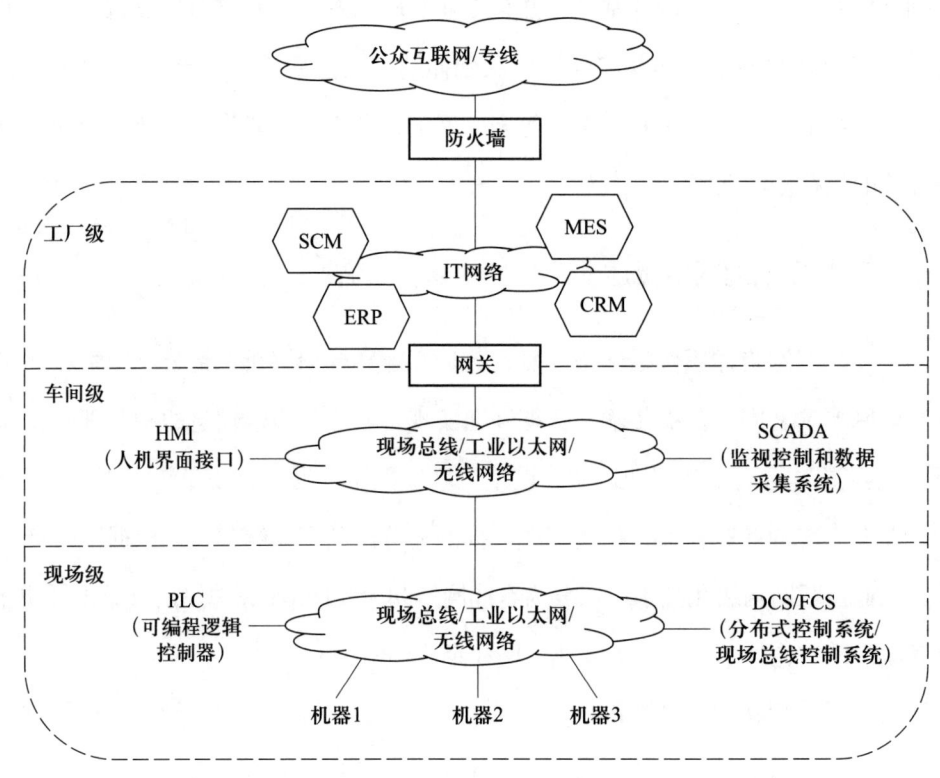

图 3-1 工厂内部网络结构

其中,工厂控制网络主要连接生产现场的控制器(如 PLC、DCS、FCS)、工业传感器、伺服器、监控设备等部件。工厂控制网络的主要技术分为现场总线和工业以太网两大类。工厂信息网络主要由 IP 网络构成,并通过网关、工业防火墙实现与工厂控制网络、互联网的互联和安全隔离。

（二）工厂内部网络常用通信技术

1. 工业现场总线

现场总线概念已在第二章第二节作了介绍。工业现场总线也称现场网络，是工业自动化领域中底层数据通信网络，实现工业现场各种传感器、执行器、操作终端和控制器间通信以及多个控制器之间通信的网络化。据不完全统计，目前国际上存有的现场总线通信协议多达 40 余种。以以太网为代表的民用网络相比，工业现场总线具有高度实时性、安全性、可靠性等优势，适合工业应用使用。工业现场总线的主要缺点是传输速率低和标准性差。

工业现场总线是一系列工业网络协议的总称，表 3-1 列出了常用工业现场总线协议及其特点，包括各自的优点、缺点以及适用性。

表 3-1　　　　　　　　工业现场总线协议及其特点

序号	总线名称	技术特点	主要应用场合
1	PROFIBUS	总线供电，实际应用较多，但支持的传输介质较少，传输方式单一	过程自动化，制造业，楼宇自动化
2	Modbus-RTU	标准、开放；可以支持多种电气接口，如 RS-485 等，应用较多	工业控制
3	CC-Link	具有优异的抗噪性能和兼容性，使用简单，应用广泛	工业
4	DeviceNet	短帧传输，无破坏性的逐位仲裁技术，应用较多	制造业，工业控制，电力系统
5	CANopen	实时数据交换，同步与异步，循环与非循环，事件驱动	工业应用，机器人，交通，汽车和航空等

2. 工业以太网

工业以太网概念已在第二章第二节作了介绍。随着工业网络技术的发展演进，现场总线正在逐步被工业以太网替代。未来，工业内有线连接将被具有以太网物理接口的网络主导，同时基于通用标准的工业以太网逐步取代各种私有的工业以太网，并实现控制数据与信息数据同口传输。随着以太网的广泛使用，工业网络的IP化趋势将更为凸显，IP技术将由IP网络向控制网络延伸，实现信息网络的IP贯通，从而使得信息与控制节点（机器）直接互联。而为解决大量支持IP的装备接入问题，IPv6技术将在工厂内广泛应用。

工业以太网采用TCP/IP协议，与IEEE 802.3标准兼容。本质上，工业以太网为了满足工业生产的需要，确保在需要执行特定操作的时间和位置发送和接收正确信息，使用了特殊工业协议，这种特殊工业协议一般封装在以太网协议之中。

可以支持工厂各种通信要求的工业以太网协议种类众多，但最常用的协议见表3-2所列。考虑到工业以太网较高的可靠性、互操作性以及性能参数，工业以太网现已被广泛应用到工厂车间之中，是一种重要的自动化和控制系统通信协议。目前，与传统的现场总线协议相比，工业以太网的市场份额已经显著增长，而且不需要设置多个独立和专有的布线设施。

表3-2　　　　　　　　　　工业以太网协议及其特点

序号	总线名称	技术特点	主要应用场合
1	PROFINET	集合了运动控制、分布式自动化、实时以太网、故障安全以及网络安全等当前自动化领域相关技术	工业
2	EtherNet/IP	能够为配置、访问和控制工业自动化设备定义应用层的协议	工业自动化
3	EtherCAT	保证拓扑的灵活性和系统的实时性，实现高精度的设备同步、可选线缆冗余和相关功能性安全协议	智能电网、航空航天、产业机械、医疗等
4	Modbus-TCP	一种串行通信协议，可以使一个主站对应多个从站进行双向通信	工业电子设备控制等

3. 工业无线局域网

IEEE 802.11 无线局域网（WLAN）技术在过去 20 年中取得了巨大的发展。WLAN 由于具有低成本、灵活性、可扩展性和易部署等优点，已经成为众多领域的关键技术。工业 WLAN 继承了 WLAN 的基本功能和特性，但工业环境的复杂性和自身网络机制导致的不确定性，使得传统 WLAN 难以直接应用于工业通信中。因此，近年来该领域涌现出许多相关研究。工业 WLAN 主要研究重点在于网络传输的确定性，该确定性定义为在确定的时限内完成可靠的数据通信，即以可靠性为前提的网络实时性。由于 IEEE 的 WLAN 标准本身仍在不断发展和改进，因此工业 WLAN 仍然是一个非常开放的研究方向。

三、工厂外部网络

工厂外部网络主要是指以支撑工业全生命周期各项活动为目的，用于连接企业上下游之间、企业与智能产品、企业与用户之间的网络。

（一）工厂外部网络典型网络架构

工厂外部网络典型网络架构主要包括基于 IPv6 的公众互联网、基于软件定义网络（SDN）的工业互联网专网或 VPN、泛在无线接入、支持工业云平台的接入和数据采集。工厂外部网络架构如图 3-2 所示。

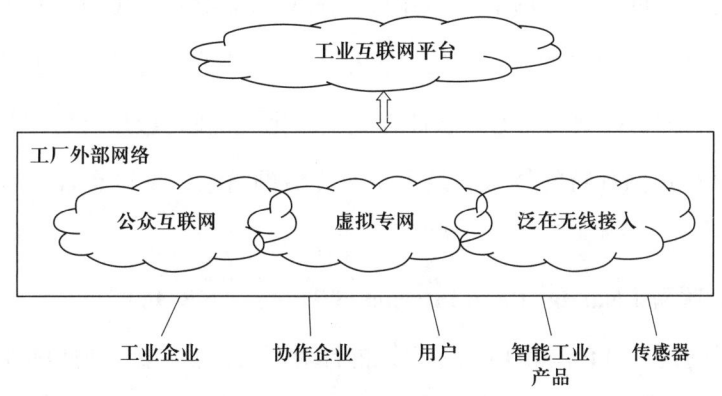

图 3-2　工厂外部网络架构

1. 基于 IPv6 的公众互联网

工业互联网的终端数量将达到数百亿量级，IPv6 在公众互联网中的部署势在必行，同时还需要考虑 IPv4 到 IPv6 的过渡网络方案。

2. 基于 SDN 的工业互联网专网或 VPN

对一些网络质量要求较高或比较关键的业务，需要用专网或 VPN 的方式来承载。专网中需要利用 SDN、NFV 等技术实现业务、流量的隔离，并实现网络的开放可编程。

3. 泛在无线接入

利用 NB-IoT、LTE 增强、5G 等技术，实现对海量智能产品的无线接入。

（二）工厂外部网络典型网络技术

1. 工业专线

工业界在广域互联网中的业务需求主要包括工业实体间的互联、跨区域的互联、工业互联网与云的互联、不同工业网络对广域网承载性能的差异化需求。这些需求推动了工业专线的不断发展，目前工业界广泛使用的多协议标签交换虚拟专线（Multi-protocol Label Switching VPN，MPLS VPN）和基于光传送网（Optical Transport Network，OTN）的光网专线，很好地满足了工业互联网的需求。

2. 软件定义广域网（SD-WAN）

软件定义广域网是将 SDN 技术应用到广域网场景中所形成的一种服务，这种服务用于连接广阔地理范围的企业网络、数据中心、互联网应用及云服务。这种服务的典型特征是将网络控制能力通过软件方式"云化"，支持应用可感知的网络能力开放。软件定义广域网独特的技术满足了企业广域网需求，发展有较强的持续提升的趋势。

3. 窄带物联网（Narrow Band Internet of Things，NB-IoT）

窄带物联网是 3GPP 在第 13 版中引入的针对低功耗、广覆盖类型业务定义的新一代蜂窝物联网技术。窄带物联网解决了物联网设备连接的最后一公里问题，广泛适用于工业智能计量、资产跟踪、设施监测、设备管理等场景。窄带物联网采用了多种优化技术，具有低功耗、广覆盖、低成本、大连接的特点。

第二节　工业互联网标识解析体系

工业互联网标识解析体系是工业互联网网络架构重要的组成部分，既是支撑工业互联网网络互联互通的基础设施，也是实现工业互联网数据共享共用的核心关键。标识解析体系实现要素的标记、管理和定位，实现物理实体和虚拟对象的逻辑定位和信息查询。

一、工业互联网标识解析体系基本概念

工业互联网标识解析体系的核心要素包括标识编码、标识解析系统和标识数据服务三部分。

（一）标识解析体系

1. 标识编码

工业互联网的标识编码技术是标识解析体系的核心基础资源。标识编码是用于唯一识别机器、产品等物理资源和算法、工序等虚拟资源的身份符号。标识编码通常存储在标识载体中，包括主动标识载体和被动标识载体。

工业互联网通过标识编码实现万物互联互通。通过网络对象的协作和交互，实现全要素、全产业链和全价值链的互联互通，有效提高生产效率。随着工业互联网的发展，能够唯一识别不同联网对象的标识编码技术已成为实现工业互联网应用服务的前提。使用公有标识对各种资源进行标准化编码，已成为实现信息共享、促进工业智能化的基础。

2. 标识解析系统

标识解析系统是指能够根据标识编码查询目标对象网络位置或者相关信息的系统。对物理对象和虚拟对象进行唯一性的逻辑定位和信息查询，是实现全球供应链系统和企业生产系统精准对接、产品全生命周期管理和智能化服务的前提和基础。

3. 标识数据服务

标识数据服务是指能够借助标识编码资源和标识解析系统开展工业标识数据管理，支撑跨企业、跨行业、跨地区、跨国家的数据共享共用。

工业互联网标识解析的基本业务流程如图3-3所示。

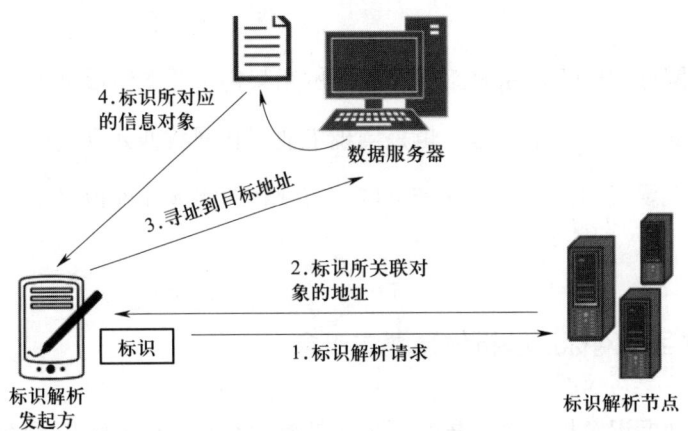

图3-3 工业互联网标识解析的基本业务流程

（二）标识载体

标识载体是指承载标识编码的物理实体。根据标识载体是否能够主动与标识数据读写设备、标识解析服务节点、标识数据应用平台等发生通信交互，可以将标识载体分为被动标识载体和主动标识载体两类。

1. 被动标识载体

被动标识载体一般附着在工业设备或者产品的表面以方便读卡器读取。在工业互联网中，被动标识载体一般只承载工业互联网标识编码，而远程网络连接能力缺乏（某些被动标识载体，如RFID、NFC，只具备短距离网络连接能力），需要依赖标识读写器才能向标识解析服务器发起标识解析请求。常见的被动标识载体有条码、二维码、RFID、NFC等，如图3-4所示。

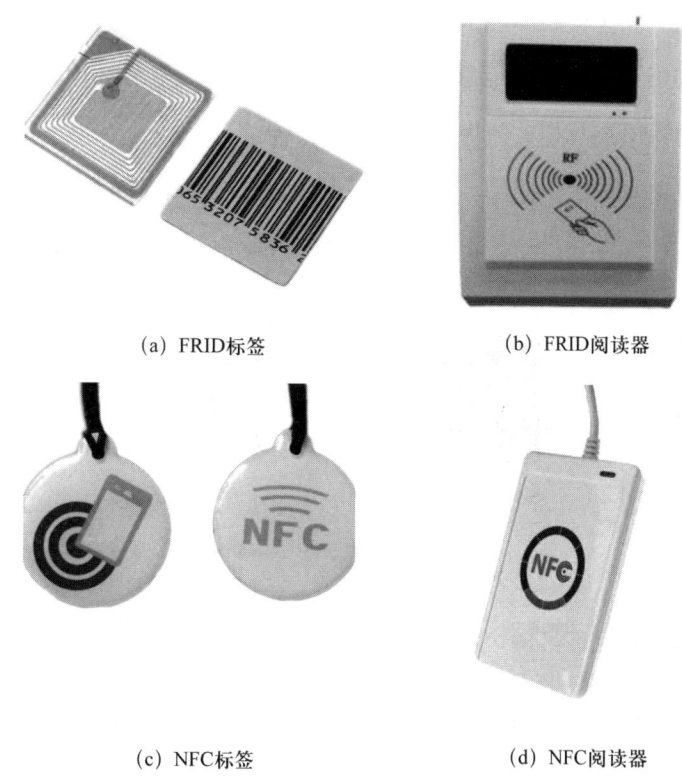

(a) FRID标签　　　　　　　(b) FRID阅读器

(c) NFC标签　　　　　　　(d) NFC阅读器

图 3-4　常见被动标识载体及其读写设备

被动标识载体的主要特征有：

（1）一般附着在工业设备/耗材表面，标识信息易被读取、被复制、被盗用和被误用。

（2）网络连接能力受限，需要借助读写器向标识解析服务器发起标识解析请求。

（3）安全能力较弱，缺乏证书、算法和密钥等所需的必要安全能力（如安全存储区）。

（4）成本低，适用于承载价值低、数量大的工业单品标识。

2. 主动标识载体

主动标识载体一般可以嵌入在工业设备的内部，承载工业互联网标识编码及其必要的安全证书、算法和密钥，并具备联网通信功能，能够主动向标识解析服务节点或标识数据应用平台等发起连接，而无须借助标识读写设备来触发。通用集成电路卡（UICC 卡）、安全芯片、通信模组和终端等都是主动标识载体的例子，如图 3-5 所示。

主动标识载体的主要特征有：

（1）嵌入在工业设备内部，不容易被盗取或者误安装。

（2）具备网络连接能力，能够主动向标识解析服务器发起标识解析请求；同时也支持被其承载的标识及其相关信息的远程增删改查。

（3）除承载工业标识编码外，还具有安全区域可以存储必要的证书、算法和密钥，能够提供工业标识符及其相关数据的加密传输、能够支持接入认证等可信相关功能。

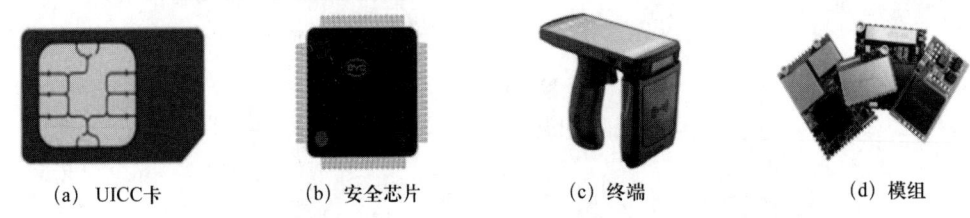

图 3-5　常见的主动标识载体

二、工业互联网标识解析体系部署架构

我国的工业互联网标识解析体系架构采用分层、分级的部署模式，面向各行业、各类工业企业提供标识解析公共服务。该架构由国际根节点、国家顶级节点、二级节点、企业节点、递归节点等要素组成，对应的部署方式如图 3-6 所示。

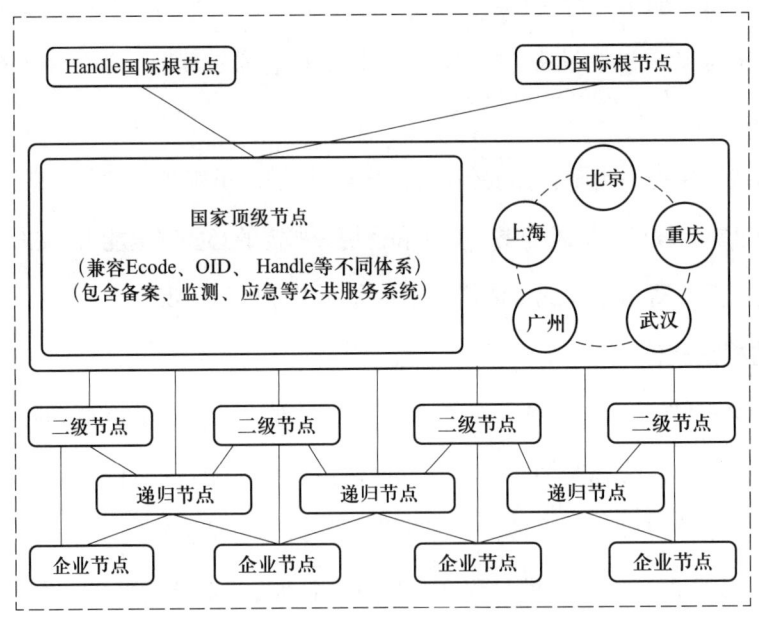

图 3-6　工业互联网标识解析系统的分层分级架构

（一）国际根节点

国际根节点是指一种标识体系管理的最高层级服务节点，提供面向全球范围公共的根层级的标识服务，并不限于特定国家或地区。

（二）国家顶级节点

国家顶级节点是指一个国家或地区内部最顶级的标识服务节点，能够面向该国或地区范围提供顶级标识解析服务以及标识备案、标识认证等管理能力。国家顶级节点既要与各种标识体系的国际根节点保持连通，又要连通该国或地区内的各种二级及以下其他标识服务节点。

（三）二级节点

二级节点是面向特定行业或者多个行业提供标识服务的公共节点。二级节点既要向上与国家顶级节点对接，又要向下为工业企业分配标识编码及提供标识注册、标识解析、标识数据服务等，同时满足安全性、稳定性和扩展性等方面的要求。作为推动标识产业应用规模性发展的主要抓手，二级节点是打造有价值的行业级标识应用、探索可持续发展业务模式的关键。

（四）企业节点

企业节点是指一个企业内部的标识服务节点，能够面向特定企业提供标识注册、标识解析服务、标识数据服务等，既可以独立部署，也可以作为企业信息系统的组成要素。根据企业规模，可灵活定义工厂标识解析系统联网形式和企业内部标识数据格式。企业的标识编码和标识解析服务不限定技术方案，可以实现不同标识解析体系与国家顶级节点的互联互通。

（五）递归节点

递归节点是指标识解析体系的关键性入口设施，能够通过缓存等技术手段提升整体服务性能。当收到客户端的标识解析请求时，递归节点会首先查看本地缓存是否有查询结果，如果没有，则会通过标识解析服务器返回的应答路径查询，直至最终查询到标识所关联的地址或者信息，将其返回给客户端，并将请求结果进行缓存。

综上，国家顶级节点是我国工业互联网标识解析体系的关键枢纽，国际根节点是各类国际解析体系跨境解析的关键节点,二级节点是面向特定行业或者多个行业提供标识解析公共服务的节点,递归节点是通过缓存等技术手段提升整体服务性能、加快解析速率的公共服务节点。

三、工业互联网标识解析典型应用

(一)在产品追溯中的应用

产品具有唯一的标识,单产品的信息分散在不同的系统中,标识解析可用于正向监控产品从生产/加工到售后的状态信息,反向追溯产品从售后服务到前期生产过程各环节中的质量信息。

(二)在供应链管理中的应用

借助标识解析二级节点平台,将零部件供应链全过程都进行记录和注册,收集零部件全生命周期的质量数据,帮助供应商提升零部件质量。

(三)在产品全生命周期管理中的应用

通过唯一的产品标识,将生产制造阶段和消费使用阶段的各种数据进行关联和绑定,从而提供产品完整的数据管理,并可应用于追溯、售后服务、智能制造等各个方面,帮助企业实现对产品价值和成本的大数据分析。

(四)在设备故障预测及健康管理中的应用

通过对每个核心零部件赋予唯一标识,将核心零部件与整机组设备信息相关联,实现生产运行智能监控及优化,设备故障主动预测维修。

第三节　工业互联网平台架构

平台架构是工业互联网的中枢，具有数据汇聚、建模分析、知识复用、应用创新四个主要作用。工业互联网平台能够有效集成海量工业设备与系统数据，实现业务与资源的智能管理，促进知识和经验的积累与传承，驱动应用和服务的开放创新，在制造企业转型中发挥核心支撑作用。

一、工业互联网平台概述

工业互联网平台是能够支持开发和运行多种工业互联网应用的综合性平台。工业互联网平台是工业云平台的扩展，不仅可以支持工业云平台的所有功能，而且可以支持各种工业物联网应用。工业互联网平台实现了海量工业数据的采集、汇聚、存储和分析，实现了信息技术和操作技术的融合，支持无所不在的连接、灵活的供给和高效的工业资源配置。工业互联网平台作为工业资源分配的中心，在工业互联网体系结构中异常重要，支持在工业制造过程中全流程、全生命周期、全产业链的智能管理和控制，以实现智能生产、网络协作、个性化定制和服务扩展的目标，并成为支持工业创新和发展的新型综合信息基础设施。

二、工业互联网平台架构

（一）工业互联网平台架构体系

工业互联网平台包括边缘、平台（工业 PaaS）、应用三大核心层级，其功能架构如图 3-7 所示。工业互联网平台是在传统云平台的基础上叠加物联网、大数据、人工智能等新兴技术，构建更精准、实时、高效的数据采集体系，建设包括存储、集成、访问、分析、管理功能的使能平台，实现工业技术、经验、知识模型化、软件化、复用化，并以工业 App 的形式面向制造企业提供各类创新应用，形成集资源汇聚、多方参与、合作共赢的制造生态环境。

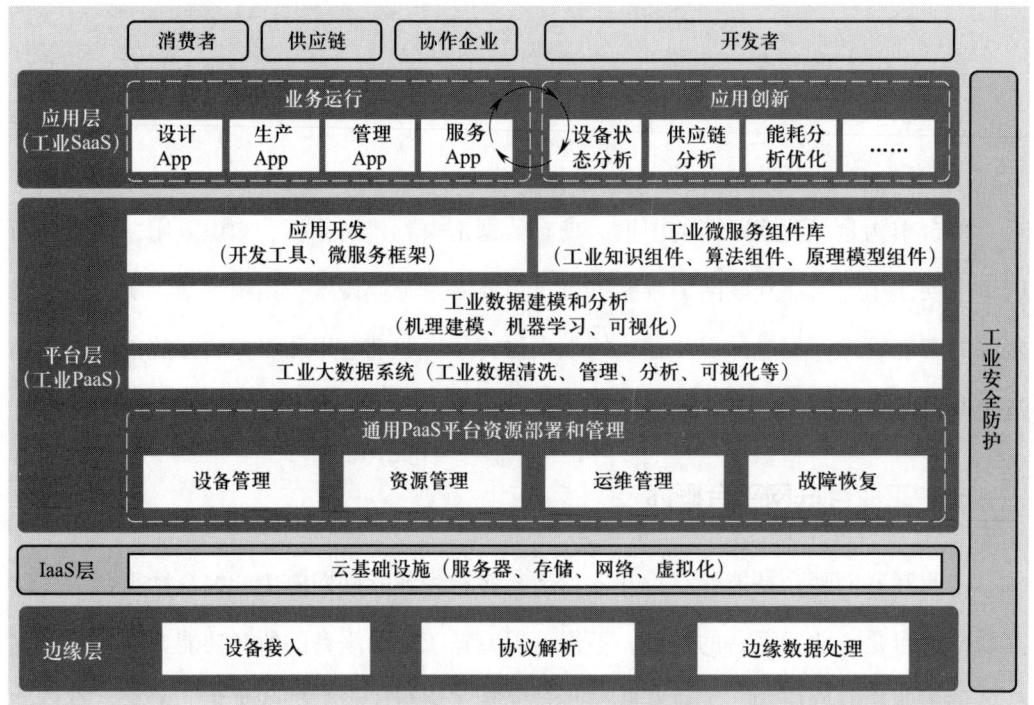

图 3-7　工业互联网平台功能架构图

1. 边缘层

工业互联网平台的最基本功能是数据采集，其通过广泛部署的工业传感器采集工业数据，并支持对多种协议数据的汇聚功能。边缘层是工业互联网平台数据的来源，主要包括三个功能：

（1）工业数据接入，包括机器人、机床、高炉等工业设备数据接入能力，以及 ERP、MES、WMS 等信息系统数据接入能力，实现对各类工业数据的大范围、深层次采集和连接。

（2）协议解析与数据预处理，将采集连接的各类多源异构数据进行格式统一和语义解析，并在进行数据剔除、压缩、缓存等操作后传输至云端。

（3）边缘分析应用，重点是面向高实时应用场景，在边缘侧开展实时分析与反馈控制，并提供边缘应用开发所需的资源调度、运行维护、开发调试等各类功能。

2. 平台层

平台层基于通用 PaaS 叠加大数据处理、工业数据分析、工业微服务等创新功能，构建可扩展的开放式云操作系统。

（1）工业数据及模型管理。将数据科学与工业机理结合，帮助制造企业构建工业数据分析能力，实现数据价值挖掘。进行工业模型的分类、标识、检索等集成管理。

（2）IT 资源管理。包括通过云计算 PaaS 等技术对系统资源进行调度和运维管理，并集成边云协同、大数据、人工智能、微服务等各类框架，为上层业务功能实现提供支撑。

（3）工业应用创新。构建应用开发环境，借助微服务组件和工业应用开发工具，帮助用户快速构建定制化的工业软件。

（4）工业建模分析。融合应用仿真分析、业务流程等工业机理建模方法和统计分析、大数据、人工智能等数据科学建模方法，实现工业数据价值的深度挖掘分析。

3. 应用层

应用层提供工业创新应用、应用商店、应用二次开发集成等功能。满足不同行业、不同场景的工业 SaaS 和工业 App 需求，形成工业互联网平台的最终价值。

（1）提供设计、生产、管理、服务等一系列创新性业务应用。

（2）构建良好的工业 App 创新环境，可使开发者基于平台数据及微服务功能实现应用创新。

除此之外，工业互联网平台还包括 IaaS 基础设施以及涵盖整个工业系统的安全管理体系，这些构成了工业互联网平台的基础支撑和重要保障。

（二）工业互联网平台特征

泛在连接、云化服务、知识积累、应用创新，是辨识工业互联网平台的四大特征。

1. 泛在连接

泛在连接指具备对设备、软件、人员等各类生产要素数据的全面采集能力。

2. 云化服务

云化服务指通过网络以按需、易扩展的方式为客户提供服务，实现基于云计算架构的海量数据存储、管理和计算。这是一种简单高效、安全可靠、处理能力可弹性伸缩的服务方式。

3. 知识积累

知识积累指能够提供基于工业知识机理的数据分析能力，并实现知识的固化、积累和复用。

4. 应用创新

应用创新指能够调用平台功能及资源，提供开放的工业 App 开发环境，实现工业 App 创新应用。

（三）工业互联网平台的价值

工业互联网平台通过整合工业设备和工业系统所产生的海量数据，可实现对业务和资源的智能化管理，促进行业知识、经验的积累和传承，不断推动工业应用和服务的创新。工业互联网平台是整个智能制造系统的核心，在制造企业的业务升级和转型中起着关键作用，已经成为企业智能转型的重要抓手。工业互联网平台面向工业现场、开发者和企业分别提供不同的功能价值。

1. 面向工业现场提供数据接入存储与边缘计算

工业互联网平台通过各种通信方式接入多种工业设备和产品，采集海量的工业数据；工业互联网平台凭借协议转换技术实现多源异构工业数据的集成；工业互联网平台利用边缘计算设备实现对底层工业数据的汇聚，并完成数据向云端平台的集成。

2. 面向开发者提供工业微服务组件和开发工具

工业互联网平台把技术、知识和经验资源固化为可移植、可复用的工业微服务组件，供开发者调用；工业互联网平台构建应用开发环境，结合微服务组件和工业应用开发工具，帮助开发者快速构建工业 App。

3. 面向工业企业提供各类业务应用

工业互联网平台面向工业企业提供工业设备预警和故障诊断、预测性维护、生产过程优化、经营分析、趋势分析、综合报表和性能计算等多种标准应用服务。

三、工业互联网平台应用场景

工业互联网平台具有三个主要应用场景：设备/产品管理、业务与运营优化以及社会化资源协作。

（一）设备/产品管理

设备/产品管理是工业互联网平台中数量最多、范围最广的基础应用，设备运行状态监测与安全报警又是其中最主要的应用场景。对于工业企业来说，确保设备的正常运行是正常生产和制造的前提，实时监视设备的运行状况可以及时有效地检测潜在故障，从而有效地减少由于设备故障和非计划停产带来的损失。设备/产品管理包括状态监测和报警、预测性维护、故障诊断、远程运维以及产品全生命周期管理。

（二）业务与运营优化

业务与运营优化基于设备和产品数据，集成来自多个信息化系统（例如 ERP、WMS 系统）的数据，利用数据驱动实现企业业务及运营环节的优化。因为工业互联网平台可获得的数据范围广，可调用能力强，因此基于数据分析的工业互联网应用非常广泛，包括生产制造优化、产品质量控制、研发设计优化、能耗管理、供应链优化、制造工艺优化、资源调度优化以及安全管理等。

（三）社会化资源协作

社会化资源协作是企业转型和升级的创新模式，包括按需定制、协同研发设计、协同制造、共享制造以及生产集成。其中，按需定制和协同研发设计的应用较为广泛，按需定制适合于产品同质化高且消费者对个性化需求高的行业，例如消费电子和服装行业；协作研发设计适用于产品研发和设计环节复杂、需要多方协作的行业，例如航空、造船和汽车制造。

虽然上述三个应用场景不同，但是每个场景的效果都具有综合性。换句话说，这三种应用场景都可以提高效率、降低成本、提高产品和服务质量，并创造新的价值，只是有效性程度有所不同。

第四节　工业互联网安全体系

安全体系是工业互联网的保障。工业互联网安全体系涉及设备、控制、网络、平台、工业 App、数据等多方面网络安全问题，其核心任务就是要通过监测预警、应急响应、检测评估、功能测试等手段确保工业互联网健康有序发展。工业互联网安全体系主要包括设备安全、控制安全、网络安全、数据安全和应用安全五大重点。

一、工业互联网安全威胁现状

当前，工业互联网安全保障体系建设的重要性越发凸显，世界各主要发达国家均高度重视工业互联网的发展，并将安全放在了突出位置，发布了一系列指导文件和规范指南。这些指导文件和规范指南为工业互联网相关企业部署安全防护提供了可借鉴的模式，在一定程度上保障了工业互联网的健康有序发展。但随着工业互联网安全攻击日益呈现的新型化、多样化、复杂化，现有的工业互联网安全保障体系还不够完善，安全威胁现状如下。

1. 工业主机依然是工业互联网安全的最薄弱环节

工业主机的保有量大、操作系统相对陈旧，安全防护相对不足，继 2017 年出现第一例勒索病毒后，2018 年、2019 年、2020 年仍然继续发酵，工业主机终端成为工业网络安全的最脆弱环节。

2. 工业控制系统安全形势依然严峻

一方面高端工控系统还是以国外品牌为主，存在远程维护后门的风险，另一方面工业控制系统即使发现大量漏洞，也很难及时升级换代，一旦问题爆发，将影响多类生产系统，需要引起重视。

3. 工业互联网平台内生安全不足

国内已推出工业互联网平台安全的行业标准，但大部分工业互联网平台安全尚没有按照标准形成体系化的安全防护机制，大部分是叠加了一些安全防护设备，平台自身的内生安全机制还需加强。

4. 工业数据安全尚未形成体系

工业数据已成为工业互联网最有价值的要素，但工业数据种类繁多，在数据采集、数据存储、通信安全、权限控制等方面都存在安全风险，目前尚未形成完整的安全体系，未来还有很多工作要做。

5. 标识解析系统存在潜在安全风险

标识解析系统已成为工业互联网的关键基础设施，但其体系结构上还存在大量安全隐患，因目前尚未大规模产业化应用，问题暂未爆发，但需要我们足够重视，提前布局预防安全事件的发生。

二、工业互联网安全防护措施

工业互联网的核心功能原理是基于数据驱动的物理系统与数字空间全面互联与深度协同，以及在此过程中的智能分析与决策优化。同理，工业互联网安全基于数据整合与分析，实现监测感知、威胁防护、通报预警、响应处置四大环节。

（一）监测感知

监测感知是通过部署相应的监测措施，以实时监测内、外部的安全风险，具体措施包括数据采集、收集汇聚、特征提取、关联分析、状态感知等。

1. 数据采集

数据采集指对工业现场网络及工业互联网平台中各类数据进行采集，为网络异常分析、设备预测性维护等后续数据应用提供支撑。

2. 收集汇聚

数据的收集汇聚主要包括两方面。一是采集 MES、ERP、PLC 等工业控制系统及应用系统产生的关键工业互联网数据，二是汇聚全网流量监听过程中采集到的数据。

3. 特征提取

特征提取是指针对单个设备或单个网络，对数据特征进行提取、筛选、分类、优先级排序、可读等处理，实现从数据到信息（包括健康状况、DNC 及 SCADA 网络流量、监控传输特性等内容信息，以及设备的运行工况、维护保养记录、人员操作指令、人员访问状态、生产任务目标等情景信息）转化的纵向数据分析过程。

4. 关联分析

关联分析是对运行机理和环境、外部威胁情报等大数据，进行横向和多维分析，借鉴群体经验进行预测，或对比历史和现状差异进行关联分析，以发现网络和系统的异常状态。

5. 状态感知

状态感知是基于关联分析过程，监测感知工业互联网相关企业的业务背景、安全目标、网络运行规律、异常情况、安全态势等，从而确定安全基线，并采用大数据分析等相关技术，发现工业互联网内的潜在安全威胁，预测黑客攻击行为。

（二）威胁防护

威胁防护措施是针对工业互联网安全框架中的五大防护对象，部署主动安全和被动安全防护措施，阻止外部威胁入侵，构建工业互联网的安全运行环境。威胁防护措施主要包括如下几方面。

1. 感知与执行设备安全

工业互联网感知与执行设备安全防护，可通过采取设备身份鉴别与访问控制、固件安全增强、漏洞修复等安全策略，确保工厂内生产设备、单点智能装备器件与产品以及成套智能终端等智能设备的安全。

感知与执行设备安全包括操作系统／应用软件安全和硬件安全。

（1）操作系统／应用软件安全。

1）设备身份鉴别与访问控制方面。为了确保控制系统执行的控制命令来自合法用户，必须对使用系统的用户进行身份认证，未经认证的用户所发出的控制命令不被执行。在控制协议通信过程中，一定要加入认证方面的约束，避免攻击者通过截获报文获取合法地址建立会话，影响控制过程安全。另外，不同的操作类型需要不同权限的认证用户来操作，如果没有基于角色的访问机制，没有对用户权限进行划分，会导致任意用户可以执行任意功能。

2）固件安全增强方面。工业互联网设备供应商需要采取措施对设备固件进行安全增强，主要包括操作系统内核安全增强、协议栈安全增强等措施。

3）漏洞修复方面。工业互联网设备供应商需要对工业现场中常见的设备与装置进行漏洞扫描与挖掘，发现操作系统与应用软件中存在的安全漏洞，并及时对其进行修复。同时，还可以采用补丁升级管理。工业互联网企业应密切关注重大系统漏洞，及时采取补丁升级措施，升级工业互联网现场设备的安全漏洞补丁，并在补丁安装前对补丁进行严格的安全评估和测试验证。

（2）硬件安全。

1）硬件安全增强。对于接入工业互联网的现场设备，应支持基于硬件特征的唯一标识符，确保只有合法的设备才能接入工业互联网，并根据既定的访问控制规则向其他设备或上层应用发送或读取数据。此外，应支持将硬件（安全芯片或安全固件）作为系统信任根，为现场设备的安全启动以及数据传输机密性和完整性保护提供支持。

2）运维管控。工业互联网企业需要在工业现场网络重要控制系统（如机组主控DCS系统）的工程师站、操作员站和历史站上安装部署运维管控系统。同时，所安装部署的运维管控系统不能影响生产控制区各系统的正常运行。

2. 控制安全

工业互联网控制安全主要包括控制协议安全防护、控制软件安全防护和控制功能安全防护三方面。其采用的安全策略包括控制协议安全机制安全策略、控制软件安全加固安全策略、指令安全审计安全策略、故障保护安全策略等。

3. 网络安全

工业互联网网络安全防护可采取通信和传输保护、边界隔离（防火墙）、网络攻击防护等安全策略。

4. 平台与应用安全

工业互联网平台与应用安全防护主要包括工业互联网平台安全防护与工业应用程序安全防护两大类。目前，工业互联网平台面临的安全风险主要包括数据泄露、篡改、丢失、权限控制异常、系统漏洞利用、账户劫持、设备接入安全等。对工业应用程序而言，最大的风险来自安全漏洞，包括开发过程中编码不符合安全规范而导致的软件本身的漏洞以及由于使用不安全的第三方库而引起的漏洞等。

5. 数据安全

工业互联网数据安全风险主要包括数据泄露、非授权分析、用户个人信息泄露等，对数据收集、传输、存储、处理等在内的全生命周期的各个环节，可采取数据防泄露、数据加密、数据备份恢复等安全策略。

（三）通报预警

通报预警是对监测感知到的安全威胁进行及时告警，并通报到相关干系人。

在进行工业互联网网络安全通报预警时，需要结合具体的业务要求、国家等级保护的要求以及其他法律法规的要求，通常时间紧迫、工作信息量大且任务繁重，因此缺乏自动化、标准化、流程化、智能化的电子工具支持是其所面临的主要问题。

工业互联网网络安全通报预警是以网络安全事件通报、等级保护为核心，对企事业、成员单位及其信息系统的安全事件、等级保护等情况进行汇总、管理，包括信息系统信息管理、安全通报、安全事件处置、安全年度检查、安全考核评分、知识库等。以模板定制、在线上报、事件工单、自动统计分析等形式，将网络安全工作、等级保护工作融入日常信息安全管理工作中，可有效促进各行业网络安全工作简洁化、自动化、智能化和常态化。实现网上报送系统，保障信息安全情况能够及时、有效地得到统一收集、汇总，并定期在系统上公布一些信息安全情况和信息安全事件，将网络安全工作人员从重复、烦琐的统计、汇总、督促、检查、盯梢等工作中解放出来，可减少网络安全工作量，减少人力投入，提升网络安全通报预警的效率。

（四）响应处置

响应处置措施包括针对网络安全通报预警，建立响应恢复机制，及时应对安全威胁，并及时优化防护措施，形成闭环防御。

响应恢复机制是确保落实工业互联网信息安全管理、支撑工业互联网系统与服务持续运行的保障。通过响应恢复机制，在风险发生时灾备恢复组织能根据预案及时采取措施进行应对，及时恢复现场设备、工业控制系统、网络、工业互联网平台、工业应用程序等的正常运行，防止重要数据丢失，并通过数据收集与分析机制，及时更新优化防护措施，形成持续改进的防御闭环。处置恢复机制主要包括响应决策、备份恢复、分析评估等。

1. 响应决策

对于工业互联网灾难恢复过程中的决策与响应，需预先制定相应的处置策略，针对不同风险等级制定相应预案措施。处置恢复工作需要在处置恢复组织的领导下进行，通过实时监测工业互联网系统各类数据，在突发灾难时通过相应机制进行应对。

2. 备份恢复

为确保工业互联网平台持续运作，应对重要系统进行灾难备份。企业应根据系统备份能力进行分级，按需求目标制定相应的备份恢复预案。企业可建立专门的灾难备份中心与处置恢复组织，根据处置恢复策略，对预案进行维护管理和定期演练，确保备份恢复预案的有效性。

3. 分析评估

分析评估风险是工业互联网系统优化防护措施、形成闭环防御不可缺少的一个重要环节。通过分析识别系统面临的风险来制定相应的响应预案，并依据安全事件处理评估结果进行持续修正，可达到改进处置恢复策略的目的。

思考题

1. 工厂内部网络架构涉及哪些模块？
2. 工厂内网络通信方法有哪些？举例说明。
3. 举例说明工业互联网标识解析体系的应用。
4. 工业互联网平台架构包含哪些内容？
5. 举例说明工业互联网安全体系防护措施有哪些内容。

第四章
安全文明生产与环境保护知识

安全文明生产既是保障生产工人和机床设备安全、防止工伤和设备事故的根本保证，也是搞好企业经营管理的内容之一。它直接影响到人身安全、产品质量和经济效益，影响机床设备和工具、夹具、量具的使用寿命及生产工人技术水平的正常发挥。生产技术人员在工作期间必须养成良好的安全文明生产习惯。

发展绿色低碳经济、促进可持续发展，是人类社会未来发展的必然选择。企业进行环境保护，是企业需求大、转化快、排污高的特征所决定的，同时也是"环境与发展"辩证关系所决定的。了解和利用环境保护相关知识，既是生态环境良性发展的要求，也是企业长久发展的基础。

本章主要介绍安全文明生产与环境保护知识，内容涉及安全生产技术基础、职业健康与职业安全、环境保护与可持续发展三部分，旨在帮助工程技术人员培养良好的安全文明生产习惯、树立环境保护意识，为企业长久发展奠定基础。

- **职业功能：** 安全文明生产与环境保护知识。
- **工作内容：** 了解安全生产技术、职业健康与职业安全、环境保护与可持续发展等基础知识。
- **专业能力要求：** 了解机械加工作业、电气作业、防火防爆等安全知识，了解安全色与安全标志、劳动防护用品，能够发现生产过程中的危害因素，及时采取恰当的措施避免危害；能在生产作业中做好个体防护工作，遇到突发事故能及时采取应对措施，保障人身安全；注重培养环保意识，能改进生产工艺，实行绿色生产，促进可持续发展。

- **相关知识要求：** 安全生产技术基础，包括机械加工作业、电气作业安全知识，防火防爆安全知识，安全色和安全标志，劳动防护用品以及事故应急与救护措施；职业健康与职业安全，包括职业危害因素与职业病，以及常见职业病的危害与防护知识；环境保护与可持续发展。

第一节 安全生产技术基础

安全生产是企业发展的重要保障,是企业在生产经营中贯彻的一个重要理念,是企业文化建设的重要组成部分。安全是人类最重要、最基本的需求,是人的生命与健康的基本保证,一切生活、生产活动都源于生命的存在。企业只有抓好自身安全生产,才能促进社会大环境的稳定,进而也为企业创造良好的发展环境。

一、机械加工作业安全知识

机械设备无处不在、无时不用,是人类进行生产经营活动不可或缺的重要工具和手段。现代机械科技含量高,是机、电、光、液等多种技术集成的复杂系统。机械在减轻劳动强度给人们带来高效、方便的同时,也带来了不安全因素。任何机械在进行生产或服务活动时都伴随着安全风险,机械安全问题越来越受到人们的重视。

(一)机械危害种类

机械使用过程中的危险可能来自机械设备和工具自身、原材料、工艺方法和使用手段、人对机器的操作过程,以及机械所在场所和环境条件等多方面,可分为机械性危险和非机械性危险。

1. 机械性危险

机械性危险包括与机器、机器零部件(包括加工材料夹紧机构)或其表面、工具、工件、载荷、飞射的固体或流体物料有关的可能会导致挤压、剪切、碰撞、切割或切断、缠绕、碾压、吸入或卷入、冲击、刺伤或刺穿、摩擦或磨损、抛出、绊倒和跌落等的危险。

2. 非机械性危险

非机械性危险主要包括电气危险（如电击、电伤）、温度危险（如灼烫、冷冻）、噪声危险、振动危险、辐射危险（如电离辐射、非电离辐射）、材料和物质产生的危险、未履行安全人机工程学原则而产生的危险等。

（二）机械事故原因

机械事故发生的主要原因如下。

（1）检修、检查机械忽视安全措施。如人进入设备（球磨机等）检修、检查作业，不切断电源，未挂不准合闸警示牌，未设专人监护等措施而造成严重后果。也有的因当时受定时电源开关作用或发生临时停电等因素误判而造成事故。还有的虽然对设备断电，但因未等至设备惯性运转彻底停住就下手工作，同样造成严重后果。

（2）缺乏安全防护装置。如有的机械传动带、齿机、接近地面的联轴节、皮带轮、飞轮等易伤害人体部位没有完好的防护装置；还有的人孔、投料口绞笼井等部位缺护栏及盖板，无警示牌，人因疏忽误触这些部位，都会造成事故。

（3）电源开关布局不合理，一种是有了紧急情况不立即停车；另一种是好几台机械开关设在一起，极易造成误开机械引发严重后果。

（4）机械设备带病运行，不符合安全要求。

（5）在机械运行中进行清理、卡料、上皮带蜡等作业。

（6）任意进入机械运行危险作业区（采样、干活、借道、拣物等）。

（7）不具备操作机械业务素质的人员上岗或作业人员操作失误。

（三）机械安全防护措施

防止机械伤害事故的防范措施如下。

（1）检修机械必须严格执行断电、挂禁止合闸警示牌和设专人监护的制度。机械断电后，必须确认其惯性运转已彻底消除后才可进行工作。机械检修完毕，试运转前，必须对现场进行细致检查，确认机械部位人员全部彻底撤离才可取牌合闸。检修试车时，严禁有人留在设备内进行点车。

（2）机械设备各传动部位必须有可靠的安全防护装置；各人孔、投料口、螺旋输送机等部位必须有盖板、护栏和警示牌；作业环境保持整洁卫生；炼胶机等人手直接频繁接触的机械，必须有完好的紧急制动装置，该制动钮位置必须是操作者在机械作业活动范围内随时可触及。

（3）各机械开关布局必须合理，必须符合两条标准：便于操作者紧急停车；避免误开动其他设备。

（4）加强设备的使用、维护、保养和检查，建立完善安全巡检制度，及时消除设备安全隐患，严禁设备带病运行。对机械进行清理积料、捅卡料、上皮带蜡等作业，应遵守停机断电、挂警示牌制度。

（5）严禁无关人员进入危险因素大的机械作业现场；非本机械作业人员因事必须进入的，要先与当班机械操作者取得联系，有安全措施才可同意进入。

（6）操作各种机械人员必须经过专业培训，能掌握该设备性能的基础知识，经考试合格，持证上岗。作业中，必须精心操作，严格执行有关规章制度，正确使用劳动防护用品，严禁无证人员开动机械设备。

安全防护的重点是机械的传动部分及机械的其他运动部分、操作区、高处作业区、移动机械的移动区域，以及某些机械由于特殊危险形式需要特殊防护等。某些安全防护装置还可用于避免多种危险（防止机械伤害，同时也用于降低噪声等级和收集有毒排放物）。采用何种手段防护，应根据对具体机械进行风险评价的结果来决定。

二、电气作业安全知识

对于一般的工业企业，电气事故主要有触电、电气火灾和爆炸、雷电危害、静电危害等。引起电气事故的原因很多，也很复杂，以下就电气作业安全知识做简单介绍。

（一）电气危害种类

一般常见的电气事故有电流伤害事故、电磁场伤害事故、雷击事故、静电事故和电路故障五种。

（1）电流伤害事故。电流伤害事故就是人体触及带电体所发生的事故。在高压触电事故中，往往不是人体触及带电体，而是由于带电体周围一定范围内的空气介质被击穿形成放电造成的伤害。还有一种跨步电压也会使人体有电流通过（这里大地就是带电体）。因此严格地讲，电流伤害就是人体有电流通过并由此造成人体伤害的现象。电流通过人体造成内部伤害的触电叫作电击，电流的热效应、化学效应或由机械效应对人体外部造成的局部伤害叫作电伤。

（2）电磁场伤害事故。人体在电磁场作用下，吸收辐射能量会受到不同程度的伤害，电磁场伤害会引起中枢神经系统功能失调，导致头痛、头晕、乏力、睡眠失调、记忆力减退等，还对心血管的正常工作有一定影响。

（3）雷击事故。雷击是一种自然灾害，但在某些方面并不是不可抗力。雷电的电场电压达 1 000 万 V 至上亿 V，电场内的电压梯度达 25～30 kV/cm，电流达几万至几十万安，电流梯度可达 10 kA/μs，电流通道的温度可达 6 000～10 000 ℃或更高。雷击可能造成建筑物设施毁坏，伤及人畜，也可能引起易燃易爆物品的火灾和爆炸。

（4）静电事故。静电事故指在生产过程中产生的有害静电酿成的事故。如石油、化工、橡胶行业，静电放电能引起爆炸性混合物发生爆炸。

（5）电路故障。电能在传递、分配、转换过程中，由于失去控制而造成的事故。线路和设备故障不但威胁人身安全，而且会严重损坏电气设备。

（二）电气事故原因

电气事故发生的根本原因是各种类型的电流、电荷、电磁场的能量不适当释放或转移。常见原因有以下几种。

（1）设备的安全性，它是带来电气危险的根源。如果设备质量低劣，会直接影响到工业企业的电气安全。如接线盒与其他线盒不应有敞开的不用的出砂孔，也不应有其他开口，其结构应能隔绝粉尘、飞散物、油和冷却液之类的物质。

（2）安装、调试不符合标准规范要求，如电气设备的接地线采取串联的方式、随意加大保险丝规格、未对设备进行接地保护等。根据《用电安全导则（GB/T 13869—2017）》，插座的保护接地极在任何情况下都应单独与保护接地线可靠连接，不得在插头（座）内将保护接地极与工作中性线连接在一起。

（3）绝缘破坏而漏电，还会导致危险电压、火灾、高故障电流和爆炸。如配电线路的老化、破损等。

（4）作业人员误操作或违章作业，如违反"带电检修安全操作规程"，使操作人员触电。

（5）安全技术措施不完善，如配电室未采取防水排水措施、接地线未采取防机械损伤措施。

（6）制度不严密，管理混乱。

（7）自然因素，如雷电、静电等；非自然因素，如场所中的电磁辐射、易燃易爆物、高温、潮湿、腐蚀材料等。

（三）触电安全防护措施

触电防护技术包含绝缘、屏护和间距，接地保护和接零保护，安全电压和漏电保护等。

1. 绝缘、屏护和间距

（1）绝缘及绝缘材料。绝缘是用绝缘物把带电体封闭起来。良好的绝缘是保障电气设备和线路正常运行的必要条件，也是防止触及带电体的安全保障。电气设备的绝缘应符合电压等级、环境条件和使用条件的要求。绝缘材料有电性能、热性能、力学性能、化学性能、吸潮性能、抗生物性能等多项性能指标。

电工绝缘材料分为以下几种。

1）固体绝缘材料，包括瓷、玻璃、云母、石棉等无机绝缘材料，橡胶、塑料、纤维制品等有机绝缘材料和玻璃漆布等复合绝缘材料。

2）液体绝缘材料，包括矿物油、硅油等液体。

3）气体绝缘材料，包括六氟化硫、氮等气体。

（2）屏护和间距。屏护是采用护罩、护盖、栅栏、箱体、遮栏等将带电体同外界隔绝开来。屏护能防止无意识或有意识触及或过分接近带电体的遮栏，只能防止无意识触及或过分接近带电体，而不能防止有意识移开或越过该障碍触及或过分接近带电体的阻挡物。屏护的安全作用是防止触电（防止触及或过分接近带电体）、防止短路及短路火灾、防止被机械破坏以及便于安全操作。

间距是将可能触及的带电体置于可能触及的范围之外，其安全作用与屏护的安全作用基本相同。带电体与地面之间、带电体与树木之间、带电体与其他设施和设备之间、带电体与带电体之间均需保持一定的安全距离。安全距离的大小取决于电压高低、设备类型、环境条件和安装方式等因素。

2. 接地保护和接零保护

接地保护和接零保护都是防止间接接触电击的基本技术措施。这两种技术措施还与低压系统的防火性能有关。

保护接地适用于各种不接地配电网。在这类配电网中，凡由于绝缘损坏或其他原因而可能呈现危险电压的金属部位，除另有规定外，均应接地。

保护接零用于中性点直接接地电压 0.23/0.4 kV 的三相四线配电网。在保护接零系统中，凡因绝缘损坏而可能呈现危险对地电压的金属部分均应接零。

3. 安全电压和漏电保护

（1）安全电压。安全电压是在一定条件下、一定时间内不危及生命安全的电压。根据欧姆定律，可以把加在人身上的电压限制在某一范围之内，使得在这种电压下，通过人体的电流不超过特定的允许范围。这一电压就叫作安全电压，也称为特低电压（ELV）。安全电压属于既能防止间接接触电击也能防止直接接触电击的安全技术措施。行业规定，安全电压为不高于 36 V，持续接触安全电压为 24 V，安全电流为 10 mA。

（2）漏电保护。漏电保护装置主要用于防止间接接触电击和直接接触电击。用于防止直接接触电击时，只作为基本防护措施的补充保护措施。漏电保护装置也可用于防止漏电火灾以及用于监测一相接地故障。防止触电的漏电保护装置宜采用高灵敏度、快速型装置。

三、防火防爆安全知识

火灾爆炸事故是工业生产中最为常见和后果特别严重的事故之一。与火灾爆炸作斗争是安全生产重要任务之一。掌握防火防爆知识，可有效地防止或减少火灾、爆炸事故的发生。

（一）燃烧爆炸基础知识

1. 燃烧三要素及燃烧的充分条件

燃烧的三要素为可燃物、助燃物和着火源，缺少任何一个，燃烧都不能发生。

（1）可燃物。可燃物指能与空气中的氧或其他氧化剂起燃烧反应的物质，如木材、纸张、布料等。可燃物中有一些物品，遇到明火特别容易燃烧，称为易燃物品，常见的有汽油、酒精、液化石油气等。

（2）助燃物。凡能与可燃物发生反应并引起燃烧的物质，称为助燃物，如空气、氧、氯、过氧化钠等。

（3）着火源。凡能引起可燃物燃烧的热能源，称为着火源，如明火、赤热体、火星、聚焦的日光、机械热、雷电、静电、电火花等。

只有同时具备了以上三个燃烧所必需的条件，燃烧才有可能发生，但在必要条件中还应有一个量的概念，这就是发生燃烧或持续燃烧的充分条件。

（1）要有足够的可燃物。若可燃气体或蒸气在空气中的浓度不够，燃烧就不会发生。例如，用火柴在常温下去点汽油，能立即燃烧，但若用火柴在常温下去点柴油，却不能燃烧。

（2）要有足够的助燃物。燃烧若没有足够的助燃物，火焰就会逐渐减弱，直至熄灭。如在密闭的小空间中点蜡烛，随着氧气的逐渐耗尽火焰会最终熄灭。

（3）要让引火源达到一定的温度，并具有足够的热量。如火星落到棉花上，很容易着火，而落在木材上，则不易起火，就是因为木材燃烧需要的热量较棉花为多。

2. 爆炸极限及爆炸所需条件

可燃物（可燃气体、蒸气和粉尘）与空气（或氧气）必须在一定的浓度范围内均匀混合，形成预混气，遇着火源才会发生爆炸，这个浓度范围称为爆炸极限或爆炸浓度极限。

爆炸必备的条件有以下几种。

（1）提供能量的可燃性物质，即爆炸性物质。如能与氧气（空气）反应的氢气、乙炔、甲烷等气体，酒精、汽油等液体，粉尘、纤维粉尘等固体。

（2）辅助燃烧的助燃物（氧化剂），如氧气、空气。

（3）可燃物与助燃物的均匀混合。

（4）混合物放在相对封闭的空间（包围体）。

（5）有足够能量的着火源，如明火、电气火花、机械火花、静电火花、高温、化学反应、光能等。

（二）防火防爆基本措施

火灾与爆炸经常是相伴发生的，防止火灾爆炸事故发生的基本原则如下。

（1）防止和限制可燃可爆系统的形成；

（2）当燃烧爆炸物质不可避免地出现时，要尽可能消除或隔离各类着火源；

（3）阻止和限制火灾爆炸的蔓延扩展，尽量降低火灾爆炸事故造成的损失。

生产作业过程中，防爆的基本原则如下。

（1）控制混合气体中的可燃物含量处在爆炸极限以外；

（2）使用惰性气体取代空气；

（3）使氧气浓度处于其极限值以下。

消除着火源是防火和防爆的最基本措施，控制着火源对防止火灾和爆炸事故的发生具有极其重要的意义。

防火防爆的组织管理措施如下。

（1）加强对防火防爆工作的管理。各级领导干部都要重视这项工作。

（2）开展经常性防火防爆安全教育和安全大检查，提高人们的警惕性，及时发现和整改不安全的隐患。

（3）建立健全防火防爆制度，如防火制度、防爆制度、防火防爆责任制度等。

（4）厂区内、厂房内的一切出入和通往消防设施的通道，不得被占用和堵塞。

（三）火灾扑救措施

生产现场发生火灾，可采取以下措施组织扑救。

（1）车间任何区域一旦着火，发现火情的人员应保持镇静，切勿惊慌。

（2）对于能立即扑灭的火灾要抓住战机，立即就近用灭火器将其扑灭，先灭火后向应急管理小组报告。

（3）对火势较大、不能立即扑灭的火灾，要先控制火势的蔓延，再开展全面扑救。自己难以扑灭的，应采取最快方式用电话向应急管理小组报告并拨打"119"报警。

（4）关闭火情现场附近的门窗以阻止火势蔓延，并拉下车间电闸。

（5）火警现场附近的人员要用湿毛巾捂住口鼻，迅速从安全通道撤离。

（6）在专业救火人员到达火警现场前，报警者应采取相应的措施，在确保人身安全的前提下，使用火场附近的消防设施进行扑救。

（7）带电物品着火时，应立即设法切断电源，在电源切断以前，严禁用水扑救，以防引发触电事故。

（四）消防器材

新修订的《中华人民共和国消防法》中规定，消防设施是指火灾自动报警系统、自动灭火系统、消火栓系统、可提式灭火器系统、灭火器防烟排烟系统以及应急广播和应急照明、安全疏散设施等。消防器材是指灭火器等移动灭火器材和工具。灭火器一般由筒体、器头、喷嘴等部件组成，借助驱动压力可将所充装的灭火剂喷出，达到灭火目的。灭火器由于结构简单，操作方便，轻便灵活，使用面广，是扑救初起火灾的重要消防器材。

灭火器的种类很多，按照移动方式可分为手提式、推车式和悬挂式，按照驱动灭火剂的动力来源可分为储气瓶式、储压式、化学反应式，按照所充装的灭火剂可分为清水、泡沫、酸碱、二氧化碳、卤代烷、干粉、7150等。

1. 清水灭火器

清水灭火器充装的是清洁的水，并加入适量的添加剂，采用储气瓶加压的方式，利用二氧化碳钢瓶中的气体作动力，将灭火剂喷射到着火物上，达到灭火的目的。其主要由筒体、筒盖、喷射系统及二氧化碳储气瓶等部件组成。清水灭火器适用于扑救可燃固体物质火灾，即A类火灾。

2. 泡沫灭火器

泡沫灭火器包括化学泡沫灭火器和空气泡沫灭火器两种，分别是通过筒内酸性溶液与碱性溶液混合后发生化学反应或借助气体压力，喷射出泡沫覆盖在燃烧物的表面上，隔绝空气起到窒息灭火的作用。泡沫灭火器适合扑救脂类、石油产品等B类火灾以及木材等A类物质的初起火灾，但不能扑救B类水溶性火灾，也不能扑救带电设备及C类和D类火灾。

3. 二氧化碳灭火器

二氧化碳灭火器是利用其内部充装的液态二氧化碳的蒸气压将二氧化碳喷出灭火的一种灭火器具，其通过降低氧气含量，造成燃烧区窒息而灭火。一般当氧气的含量低于

12%或二氧化碳浓度达30%～35%时,燃烧中止。1 kg的二氧化碳液体,在常温常压下能生成500 L左右的气体,这些足以使1 m^3 空间范围内的火焰熄灭。由于二氧化碳是一种无色的气体,灭火不留痕迹,并有一定的电绝缘性能等特点,因此,更适宜于扑救600 V以下带电电器、贵重设备、图书档案、精密仪器仪表的初起火灾,以及一般可燃液体的火灾。

4. 干粉灭火器

干粉灭火器以液态二氧化碳或氮气作动力,将灭火器内干粉灭火剂喷出进行灭火。该类灭火器主要通过抑制作用灭火,按使用范围可分为普通干粉和多用干粉两大类。普通干粉也称BC干粉,是指碳酸氢钠干粉、改性钠盐、氨基干粉等,主要用于扑灭可燃液体、可燃气体以及带电设备火灾。多用干粉也称ABC干粉,包括磷酸铵盐干粉、聚磷酸铵干粉等,它不仅适用于扑救可燃液体、可燃气体和带电设备的火灾,而且适用于扑救一般固体物质火灾,但都不能扑救轻金属火灾。

四、安全色和安全标志

安全色和安全标志设置在工作场所和特定区域,使人们能够迅速注意到影响安全和健康的对象和场所,并使特定信息得到迅速理解。安全色和安全标志主要用于预防事故、防止火灾、传递危险情况信息和紧急疏散等。

(一)安全色

安全色是被赋予安全意义的具有特殊属性的颜色,包括红、黄、绿、蓝四种(见表4-1)。

表4-1　　　　　　　　　　安全色种类及含义

颜色	颜色含义	
	人员安全	机械/过程状况
红	危险/禁止	紧急
黄	注意、警告	异常
绿	安全	正常
蓝	执行	强制性

安全色有时采用组合或对比色的方式，常用的安全色及其相关的对比色是红色—白色、黄色—黑色、蓝色—白色、绿色—白色。

（二）安全标志

安全标志由图形符号、安全色和（或）安全对比色、几何形状（边框）或附以简短的文字组合构成，用于传递与安全及健康有关的特定信息或使某个对象或地点变得醒目。

安全标志分为禁止标志、警告标志、指令标志、提示标志四类。

（1）禁止标志。禁止人们不安全行为的图形标志。安全色为红色，对比色为白色，基本特征为：图形为圆形、黑色，白色衬底，红色边框和斜杠。机械工业中常用的禁止标志如图4-1所示。

图4-1　机械工业中常用的禁止标志

（2）警告标志。提醒人们对周围环境引起注意，以避免可能发生危险的图形标志。安全色为黄色，对比色为黑色，基本特征为：图形为三角形、黑色，黄色衬底，黑色边框。机械工业中常用的警告标志如图4-2所示。

图 4-2 机械工业中常用的警告标志

（3）指令标志。强制人们必须做出某种动作或采用防范措施的图形标志。安全色为蓝色，对比色为白色，基本特征为：图形为圆形、白色，蓝色衬底。机械工业中常用的指令标志如图 4-3 所示。

图 4-3 机械工业中常用的指令标志

（4）提示标志。提供某种信息（标明安全设施或场所等）的图形标志。安全色为绿色，对比色为白色，基本特征为：白色图形，正方形边框，绿色衬底。机械工业中常用的提示标志如图 4-4 所示。

(a) 紧急出口　　(b) 避险处　　(c) 可动火区　　(d) 击碎板面

图 4-4 机械工业中常用的提示标志

五、劳动防护用品

为了保护现场工作人员免受化学、生物与放射性污染危害,需要采取适当的个体防护措施,配备必要的防护装备,以预防现场环境中有害物质对人体健康的危害。

(一)劳动防护用品的分类

依据《用人单位劳动防护用品基本规范》,劳动防护用品分为以下十大类。

(1)防御物理、化学和生物危险、有害因素对头部伤害的头部防护用品。

(2)防御缺氧空气和空气污染物进入呼吸道的呼吸防护用品。

(3)防御物理和化学危险、有害因素对眼面部伤害的眼面部防护用品。

(4)防噪声危害及防水、防寒等的听力防护用品。

(5)防御物理、化学和生物危险、有害因素对手部伤害的手部防护用品。

(6)防御物理和化学危险、有害因素对足部伤害的足部防护用品。

(7)防御物理、化学和生物危险、有害因素对躯干伤害的躯干防护用品。

(8)防御物理、化学和生物危险、有害因素损伤皮肤或引起皮肤疾病的护肤用品。

(9)防止高处作业劳动者坠落或者高处落物伤害的坠落防护用品。

(10)其他防御危险、有害因素的劳动防护用品。

(二)劳动防护用品的管理和使用原则

依据《用人单位劳动防护用品基本规范》,劳动防护用品的管理和使用原则如下。

(1)用人单位应当根据劳动者工作场所中存在的危险、有害因素种类及危害程度、劳动环境条件、劳动防护用品有效使用时间制定适合本单位的劳动防护用品配备标准。

(2)用人单位应当根据劳动防护用品配备标准制订采购计划,购买符合标准的合格产品。

(3)用人单位应当查验并保存劳动防护用品检验报告等质量证明文件的原件或复印件。

(4)用人单位应当确保已采购劳动防护用品的存储条件,并保证其在有效期内。

(5)用人单位应当按照本单位制定的配备标准发放劳动防护用品,并作好登记。

(6)用人单位应当对劳动者进行劳动防护用品的使用、维护等专业知识的培训。

（7）用人单位应当督促劳动者在使用劳动防护用品前，对劳动防护用品进行检查，确保外观完好、部件齐全、功能正常。

（8）用人单位应当定期对劳动防护用品的使用情况进行检查，确保劳动者正确使用。

（9）劳动防护用品应当按照要求妥善保存，及时更换。公用的劳动防护用品应当由车间或班组统一保管，定期维护。

（10）用人单位应当对应急劳动防护用品进行经常性的维护、检修，定期检测劳动防护用品的性能和效果，保证其完好有效。

（11）用人单位应当按照劳动防护用品发放周期定期发放，对工作过程中损坏的，用人单位应及时更换。

（12）安全帽、呼吸器、绝缘手套等安全性能要求高、易损耗的劳动防护用品，应当按照有效防护功能最低指标和有效使用期，到期强制报废。

六、事故应急与救护

掌握现场急救措施和紧急避险措施，可以有效减少生产事故中的伤亡情况，是生产技术人员应该具备的能力之一。

（一）事故现场应急救援原则

突发性事故一旦发生，尤其是火灾、爆炸和倒塌等大型事故一旦发生，是非常可怕的，会瞬间导致人员伤亡或物资、设备、设施损坏，使事故中存活下来的当事人晕头转向甚至自己也受伤或处于十分恐惧的状态中，这个时候应该冷静对待，进行紧急处置。事故现场的紧急处置原则如下。

（1）遇到伤害事故发生时，不要惊慌失措，要保持镇静，并设法维持好现场的秩序。

（2）在周围环境不危及生命的条件下，一般不要随便搬动伤员。

（3）暂不要给伤员喝任何饮料和进食。

（4）如发生意外而现场无人时，应向周围大声呼救，请求来人帮助或设法联系有关部门，不要单独留下伤员而无人照管。

（5）遇到严重事故、灾害或中毒时，除急救呼叫外，还应立即向当地政府安全生产主管部门及卫生、防疫、公安等有关部门报告，报告现场在什么地方、伤员有多少、伤情如何、做过什么处理等。

（6）伤员较多时，根据伤情对伤员分类抢救，处理的原则是先重后轻、先急后缓、先近后远。

（7）对呼吸困难、窒息和心跳停止的伤员，立即将伤员头部置于后仰位，托起下颌，使呼吸道畅通，同时施行人工呼吸、胸外心脏按压等复苏操作，原地抢救。

（8）对伤情稳定、估计转运途中不会加重伤情的伤员，迅速组织人力，利用各种交通工具分别转运到附近的医疗机构急救。

（9）现场抢救的一切行动必须服从有关领导的统一指挥，不可各自为政。

（二）事故现场救护措施

1. 事故刚发生时的应对

（1）事故当事人如果在事故中没有受伤，应当立即使自己冷静，观察事故发生的源头和原因，关闭事故的起因物或导致事故进一步扩大的助力物（如煤气、毒气、电气和蒸气阀门或开关），用可能联系的方法，如拨打"120"急救电话或用其他发响或发光的，能使外界听到或看到的东西进行报告联系或呼救，同时呼喊在场人员向着安全方向（逆风、逆水和事故源相反的方向）逃生或避难。

在逃生或避难的过程中一定要沉着冷静。大量的事故抢救现场和事实证明，在事故中乱串乱跑往往是导致事故中人员进一步伤亡的重要原因。

（2）事故当事人如果在事故中受伤，应当立即设法自救（止血、通风和脱离危险地带或致害物）。如果难以自救，应呼喊在场或有关人员给以救护。然后，用可能联系的方法（如电话、手机、发响或发光的，能使外界听到或看到的东西）进行报告联系或呼救。

（3）事故当事人如果在事故中受伤，且伤势较重，甚至达到奄奄一息的地步，也应当设法自救（止血、通风和脱离危险地带或致害物），并且用可能联系的方法（如电话、手机、发响或发光的，能使外界听到或看到的东西）进行报告联系或呼救。万万不可放弃，等待死亡。因为外界人员正在千方百计进行营救和寻找或确定所在的位置以及生存的信息等情况。

2. 被围困时的避灾自救

因通道堵塞、有毒有害气体含量高、能见度低等原因，无法安全撤离灾区时，遇险人员应妥善进行避灾自救，并遵循以下行动准则。

（1）尽快选择安全的避难地点。

（2）尽量保持良好的精神、心理状态和坚定的信念。

（3）加强避灾地点的安全防护。如发生火灾而被困在房间内，应立即将房间的自来水打开，将被子或衣服弄湿，堵住进入房间的烟气或火势。

（4）不断改善避难地点的生存条件和减少体力消耗。

（5）积极同救护人员取得联系。用电话、手机、发响或发光的，能使外界听到或看到的东西进行报告联系或呼救。

（6）积极配合救护人员，争取尽快安全脱险。

总之，遇险避难人员应保持稳定的情绪和良好的心理状态，树立坚定的获救脱险的信念，互相鼓励，以极大的毅力克服一切困难，直到最后胜利。特别在遇险时间较长时，这是比较关键的。千万不可悲观失望和过分忧虑，更不得急躁盲动、冒险乱闯，坚信国家和政府一定会派人来进行救护。

3. 现场急救步骤

现场急救就是应用急救知识和最简单的急救技术进行现场初级救生，最大限度地稳定伤病员的伤、病情，减少并发症，维持伤病员最基本的生命体征。现场急救是否及时和正确，关系到伤病员生命和伤害的结果。

现场急救一般遵循下述四个步骤。

（1）出现事故后，迅速使伤病员脱离危险区。若是触电事故，必须先切断电源；若为机械设备事故，必须先停止机械设备运转。

（2）初步检查伤病员，判断其神志、呼吸是否有问题，视情况采取有效的止血，防止休克，包扎伤口，固定、保存好断离的器官或组织，预防感染，止痛等措施。

（3）施救同时请人呼叫救护车，并继续施救到救护人员到达现场接替为止。

（4）迅速上报上级有关领导和部门，以便采取更有效的救护措施。

4. 负伤人员的急救

事故发生后，救护车辆和医护人员应及时到达现场，对伤员实施紧急救护。在负伤人员撤离现场前，救援人员应根据负伤人员的伤势情况做好简易处置，如人工呼吸、止血、骨折临时固定等，并注意救护姿势和使用担架，尽量避免拖、拽，以免加重伤情。对重危人员在送往医院途中，应有医护人员护理陪送，真正做到安全救护。

5. 现场常见救护手段

（1）心肺复苏法。心肺复苏包括人工呼吸和胸外心脏按压操作，如图 4-5 所示为成人现场心肺复苏流程。

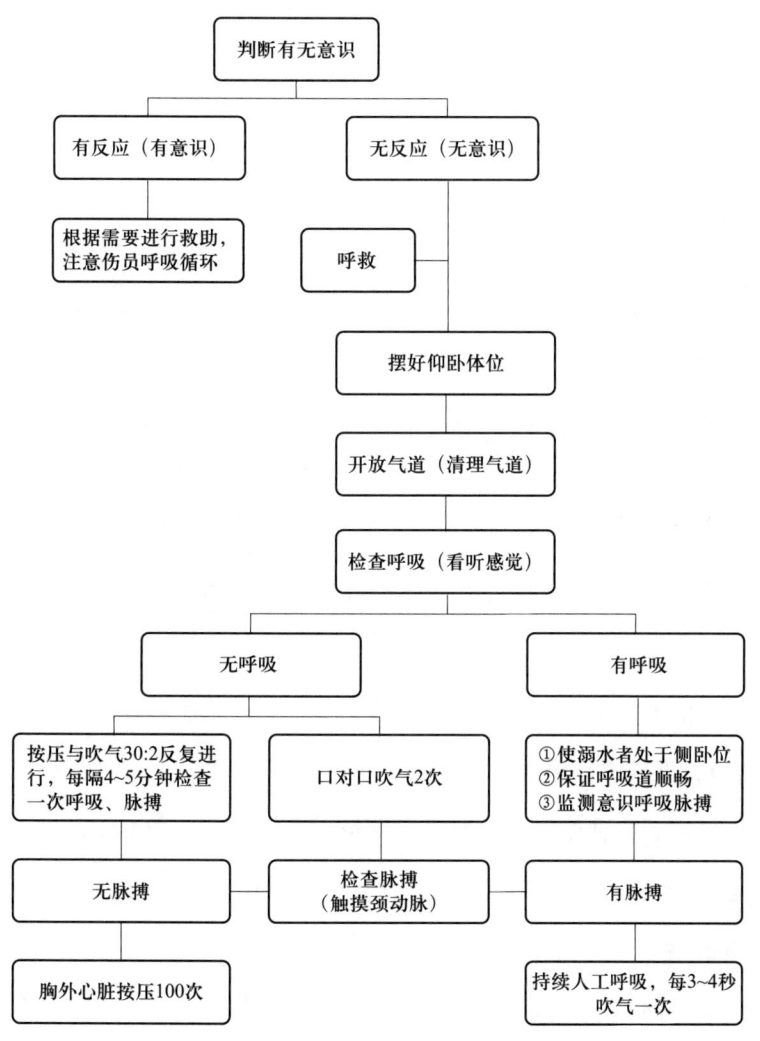

图 4-5　成人现场心肺复苏流程图

（2）止血法。常用的止血方法主要是压迫止血法、止血带止血法、加压包扎止血法和加垫屈肢止血法等。

1）压迫止血法（见图4-6）。适用于头、颈、四肢动脉大血管等出血的临时止血。当一个人负伤流血以后，只要立刻用手指或手掌用力压紧伤口附近靠近心脏一端的动脉跳动处，并把血管压紧在骨头上，就能很快起到临时止血的效果。

2）止血带止血法（见图4-7）。适用于四肢大出血。用止血带（一般用橡皮管、橡皮带）绕肢体绑扎打结固定，上肢受伤可扎在上臂上部三分之一处，下肢扎于大腿的中部。如果现场没有止血带，也可以用纱布、毛巾、布带等环绕肢体打结，在结内穿一根短棍，转动此棍使带绞紧，直到不流血为止。在绑扎和绞止血带时，不要过紧或过松。过紧易造成皮肤或神经损伤，过松则起不到止血的作用。

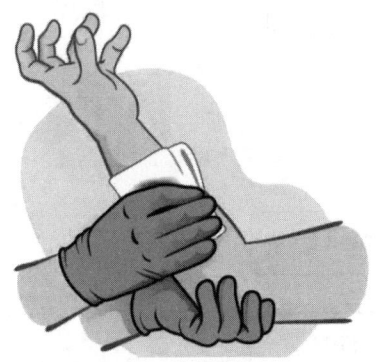
图4-6 压迫止血法

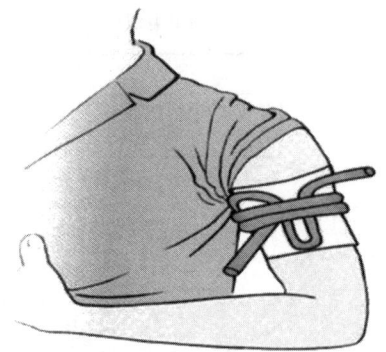
图4-7 止血带止血法

（3）包扎法。有外伤的伤员止血后，应立即用急救包、纱布、绷带或毛巾等包扎起来。

（4）断肢（指）与骨折处理。发生断肢（指）后，除做必要的急救外，还应注意保存断肢（指），以求进行再植。

为了避免骨折断端刺伤皮肤、血管和神经，要对骨折处做好临时固定，使伤员安静以减轻疼痛便于运送，避免在搬运与运送中增加受伤者的痛苦。

6. 伤员的搬运

如果伤员伤势不重，可采用扶、背、抱的方法将伤员运走。图4-8和图4-9所示为单人、多人不同的搬运法。

图 4-8　单人搬运法

图 4-9　多人搬运法

（1）单人扶着行走。即左手拉着伤员的手，右手扶住伤员的腰部，慢慢行走。此法适于伤员伤势不重、神志清醒时使用。

（2）肩膝手抱法。若伤员不能行走，但上肢还有力量，可让伤员双臂钩在搬运者颈上。此法禁用于脊柱骨折的伤员。

（3）背驮法。先将伤员支起，然后背着走。

（4）双人平抱着走。两个搬运者站在同侧，抱起伤员走。

（三）常见事故救护与避险逃生

1. 触电事故救护

触电之后，伤者会出现不同程度的昏迷、休克，要在第一时间内进行抢救，避免造成永久性伤害。救护措施主要有以下几点。

（1）迅速切断电源。立刻切断电源，关掉电闸，拔掉电源插头。在切断电源的时候，不要直接用手，可以使用不导电的物品，如木棍。

（2）判断伤者的意识。患者触电之后，如果意识比较清醒，尽量让患者平躺，不要立刻走动。对神志不清的患者，宜脱掉患者衣服，保持呼吸道通畅。

（3）进行心肺复苏。患者心脏停止时，在三分钟之内进行心肺复苏，操作时注意手法和力度。

（4）进行人工呼吸。做心肺复苏时，可以使用人工呼吸，抢救者和患者口对口，捏住患者的鼻子，向患者口腔里呼气。

（5）进行胸外按压。一分钟内进行30次胸外按压，力度不要太大，防止发生骨折。

（6）不要随便移动伤者。医护人员没有来到时，不要随便移动伤者，心肺复苏、胸外按压、人工呼吸的间隔时间不要超过30秒。

2. 危险化学品泄漏的避险与逃生

（1）提高避险能力。①了解本企业化学危险品的危害，熟悉厂区建筑物、道路等，必要时能以最快的速度逃生。②正确识别化学安全标签，了解所接触化学品对人体的危害和防护急救措施。③企业制定完善的毒气泄漏事故应急预案，并定期组织演练。

（2）安全撤离事故现场。①发生危险化学品泄漏事故时，现场人员不可恐慌，应按照平时应急预案的演习步骤，各司其职，井然有序地撤离。②当现场人员确认无法控制泄漏时，必须当机立断，选择正确的逃生方法，快速撤离现场并迅速报警。③逃生时要根据泄漏物质的特性，佩戴相应的个体防护用品。如果现场没有防护用具，也可应急使用湿毛巾或湿衣物捂住口鼻进行逃生。④逃生时要沉着冷静确定风向，根据毒气泄漏位置，向上风向或侧风向转移撤离，也就是要逆风逃生。⑤假如泄漏物质的密度比空气大，则选择往高处逃生；相反，则选择往低处逃生，但切忌在低洼处滞留。⑥如果事故现场有救护消防人员或专人引导，应服从他们的引导和安排。

3. 火灾时的避险与逃生

（1）提高避险逃生能力。①熟悉周围环境，牢记消防通道线路。②保持通道出口畅通无阻。

（2）火灾初起时的应对策略。火势初起，如果发现火势不大，且尚未对人与环境造成很大威胁，周围也有足够的消防器材，如灭火器、消防栓、自来水等，应尽可能地在第一时间将小火控制、扑灭，不可置小火于不顾而酿成火灾。

（3）火灾现场逃生策略。①保持沉着冷静，辨明方向，迅速撤离。②不贪恋财物。③警惕毒烟。④扑灭身上的火。⑤选择逃生通道自救，慎用电梯。⑥暂避相对安全场所，等待救援。⑦设法发出信号，向外界求救。⑧结绳下滑自救。⑨不轻易跳楼。

第二节 职业健康与职业安全

职业危害因素影响健康乃至生命，保障劳动者身体健康是全社会的共同责任。作为劳动者本人，最根本的是要对自己的工作性质和工作环境有个基本的认识，了解和掌握工作场所可能存在的职业病危害因素、自身的行为危害因素和需要遵守的行为规则，掌握这些知识与技能，既可以自救又可以救人，从而避免或减少许多无谓的伤害与死亡。

一、职业危害因素与职业病

职业健康的定义有很多种，最具权威的职业健康的定义是1950年由国际劳工组织（ILO）和世界卫生组织（WHO）的联合职业健康委员会给出的定义：职业健康应以促进并维持各行业职工的生理、心理及社交处在最好状态为目的，并防止职工的健康受工作环境影响，保护职工不受健康危害因素伤害，并将职工安排在适合他们的生理和心理的工作环境中。

（一）职业危害因素

生产工艺过程中产生的有害因素有如下方面。

（1）化学因素。有毒物质，如铅、苯、汞、有机磷农药等；生产性粉尘，如煤尘、有机粉尘等。

（2）物理因素。异常气象条件，如高温、高湿等；噪声、振动、紫外线、X射线等。

（3）生物因素。如附着在皮肤上的炭疽杆菌、布氏杆菌、森林脑炎病毒等。

劳动组织过程中产生的有害因素有如下方面。

（1）劳动组织和劳动休息制度不合理，如劳动时间过长、轮班制度不合理等。

（2）劳动中精神（心理）过度紧张。

（3）劳动强度过大或劳动安排不当，如安排的作业与劳动者的生理状况不相适应、超负荷加班加点等。

（4）肌体过度疲劳、光线不足引起的视力疲劳等。

（5）长时间处于某种不良体位或使用不合理的工具等。

生产环境中的危害因素有如下方面。

（1）生产场所设计不符合卫生标准或要求，如厂房布局不合理、有毒和无毒工序安排在一起等。

（2）缺乏必要的卫生技术设施，如没有通风换气、防尘、防毒、防噪声等设备。

（3）安全防护设备和个人防护用品装备不全。

（二）职业病概述

职业病是指企业、事业单位和个体经济组织等用人单位的劳动者在职业活动中，因接触粉尘、放射性物质和其他有毒、有害物质等因素而引起的疾病。

1. 职业病构成要素

（1）患病主体必须是用人单位或个体经济组织的劳动者。

（2）必须是在从事职业活动过程中产生的。

（3）必须是因接触粉尘、放射性物质和其他有毒有害物质等职业危害因素而引起的。

（4）必须是国家公布的职业病分类和目录所列的职业病。

以上四个条件缺一不可。

2. 法定职业病类型

根据 2013 年 12 月 23 日颁布的《职业病分类和目录》，包括 10 大类 132 种职业病，分别是：

（1）尘肺。有矽肺、煤工尘肺、石墨尘肺、炭黑尘肺、石棉肺等，共计 19 种。

（2）职业性放射病。外照射急性放射病、外照射亚急性放射病、内照射放射病、放射性皮肤疾病、放射性肿瘤等，共计 11 种。

（3）职业性化学中毒。有铅及其化合物中毒（不包括四乙基铅）、汞及其化合物中毒、锰及其化合物中毒、镉及其化合物中毒、铊及其化合物中毒等，共计 60 种。

（4）物理因素职业病。有中暑、减压病、高原病、航空病、手臂振动病等，共计 7 种。

（5）职业性传染病。有炭疽、森林脑炎等，共计 5 种。

（6）职业性皮肤病。有接触性皮炎、光敏性皮炎、电光性皮炎、痤疮、溃疡等，共计 9 种。

（7）职业性眼病。有化学性眼部灼伤、电光性眼炎、职业性白内障，共计 3 种。

（8）职业性耳鼻喉疾病。有噪声聋、铬鼻病、牙酸蚀病等，共计 4 种。

（9）职业性肿瘤。有石棉所致肺癌、间皮瘤、联苯胺所致膀胱癌、苯所致白血病等，共计 11 种。

（10）其他职业病。有金属烟热、煤矿井下工人滑囊炎等，共计 3 种。

对职业病的诊断，应由省级以上人民政府卫生行政部门批准的医疗卫生机构承担。

二、常见职业病的危害与防护

职业病防治工作关系到广大劳动者身体健康和生命安全，需要针对职业病危害的实际情况，有针对性地采取措施。

（一）粉尘预防措施

粉尘可能引起尘肺病，可以通过以下方式预防。

（1）改革工艺过程，革新生产设备，以低粉尘物料代替高粉尘物料，以不产尘设备、低产尘设备代替高产尘设备，是消除粉尘危害的根本途径。

（2）湿式作业是一种经济易行的防止粉尘飞扬的有效措施。

（3）密封、吸风、除尘。对不能采取湿式作业的产尘岗位，应采用密闭吸风除尘方法，防止粉尘飞扬。

（4）接尘工人健康检查，包括就业前健康检查和定期健康检查。从事粉尘作业的新工人，必须进行健康检查。定期检查中若发现不宜从事粉尘作业的疾病时，应及时调离。脱离粉尘作业时还应做脱尘作业检查。

（5）加强个人防护。佩戴防尘护具，如防尘安全帽、送风头盔、送风口罩等。正确使用防护用品是防止与粉尘接触的有效手段。

（二）职业中毒预防措施

工业生产中毒物主要通过呼吸道、皮肤或消化道进入人体，中毒预防措施主要有以下几种。

（1）根除毒物。从生产工艺流程中消除有毒物质，可用无毒或低毒原料代替有毒或高毒原料，改革能产生有毒物质的工艺过程，改造技术设备，实现生产的密闭化、机械化和自动化，使作业人员减少或脱离直接接触有毒物质的机会。

（2）控制有毒物质逸散。密闭、隔离有毒物质污染源，控制有毒物质逸散。对逸散到工作场所的有毒物质采取通风措施，控制有毒物质的飞扬、扩散。

（3）加强对有毒物质的监测。要加强对有毒物质的监测，控制有毒物质的浓度，使其低于国家有关标准的规定。

（4）个体防护。个体防护是预防职业中毒的重要辅助措施。在存在有毒物质的工作场所，应使用呼吸防护器、防护帽、防护眼镜、防护面罩、防护服和皮肤防护用品等个体防护用品。选择个人防护用品应注意其防护特性和效能。在使用时，应对使用者加以培训；只有平时经常保持良好的维护，才能很好地发挥效用。

（5）健康检查。对接触有毒物质的作业人员实施健康监护，认真做好上岗前和定期健康检查，排除职业禁忌，发现早期的健康损害，并及时采取有效的预防措施。

(三)噪声预防措施

在噪声的环境下工作,人容易感觉疲乏、烦躁、注意力不集中、反应迟钝、准确性降低等,直接影响作业能力和效率。生产性噪声达到一定强度会对人体产生不良影响,长期接触强烈的噪声甚至会引起噪声性疾病。

噪声危害可以通过以下方式预防。

(1)控制和消除噪声源。控制和消除噪声源,是从根本上解决噪声危害的一种方法。采用无声或低声设备代替发出强噪声的设备、加强机器维修、机器碰撞处用弹性材料代替金属材料以缓冲撞击力等,均可收到较好的效果。对于工艺过程允许远置的噪声源,应移至车间外或采取隔离措施。

(2)控制噪声的传播。采用吸声、消声和隔声技术,控制噪声的传播。如采用吸声装饰材料、消声器、隔声墙、隔声罩、减震装置等。

(3)个体防护。对于因各种原因,生产场所的噪声强度暂时不能得到控制,或需要在特殊高噪声条件下工作时,佩戴耳塞、耳罩或头盔等个人防护用品是保护听觉器官的一项有效措施。

(4)健康监护。定期对接触噪声的工人进行健康检查,特别是听力检查,以便早期发现听力损伤,及时采取有效的防护措施。对已出现听力下降者,应加以治疗和加强观察,重症者应调离噪声作业岗位。

噪声作业工人应进行就业前体检,取得听力的基础材料,凡是有听觉器官疾患、中枢神经系统和心血管系统器质性疾患或自主神经功能失调者,不宜参加强噪声作业。

(四)高温预防措施

高温作业可能导致中暑,预防高温危害的措施主要有以下几种。

(1)技术措施。①合理设计工艺流程。合理设计工艺流程、改进生产设备和操作方法,是改善高温作业劳动条件的根本措施。②隔热。隔热是防止热辐射的重要措施,尤其以水的隔热效果最好。水的比热大,能最大限度地吸收辐射热。③通风降温。

(2)保健措施。①饮用饮料以补充营养。在高温环境下作业的人员应饮用与出汗量相等的水和盐,饮料含盐量应为 0.15%~0.2%,饮用方法应为少量多次。并适当增加热量、蛋白质、维生素和钙等的摄入量。②个人防护。高温作业人员的工作服应采用耐热、导热性低、透气性好的面料。根据不同工种的需要，还应发放工作帽、防护眼镜、口罩、手套、鞋套、护腿等个人防护用品。③加强医疗预防。在高温环境下作业的员工应在就业前和夏季高温前进行体检。患有心血管系统疾病、血管舒缩调节功能不足、持续性高血压、溃疡、活动性肺结核、肺气肿、肝肾疾病、明显的内分泌疾病（如甲亢）、中枢神经系统疾病、过敏性皮肤病患者不宜进行高温作业。④合理安排工作，避开最高温度。应采取轮换作业的方式，以缩短作业时间。

（五）电磁辐射预防措施

电磁辐射对心血管系统的影响，表现为心悸、失眠、部分女性经期紊乱、心动过缓、心搏血量减少、窦性心律不齐、白细胞减少、免疫功能下降等。对视觉系统的影响，表现为视力下降、引起白内障等。对生殖系统的影响，表现为性功能降低、男子精子质量降低、使孕妇发生自然流产、胎儿畸形等。此外，长期处于高电磁辐射的环境中，会使血液、淋巴液和细胞原生质发生改变，影响人体的循环系统、免疫、生殖和代谢动能，严重的还会诱发癌症，并加速人体的癌细胞增殖。

预防电磁辐射的主要措施有以下几种。

（1）对伴有电磁辐射的设备进行操作和管理的人员，应加强放射卫生防护的上岗培训。

（2）放射源库、放射性物料及废料堆放处理场所，必须有安全的防护措施。

（3）在保证应用效果的前提下，尽量选用危害小的辐射源或者封隔辐射源，提高接收设备灵敏度，减少辐射源的用量。

（4）采用包围屏蔽、加大接触距离、缩短接触时间等技术措施预防外照射危害。采用屏蔽材料遮挡放射源发出的射线；尽量增大与放射源的操作距离，距离越远，受辐射危害就越小；缩短受辐射时间，工作时可实行轮换操作制度。

（5）采用围封隔离、除污保洁和佩戴并正确使用防护用品等措施，尽量减少或杜绝放射性物质进入人体内，避免造成内照射危害。

（六）工作压力预防措施

适度的工作压力可以对工作产生积极的影响，但过大而持续的压力则会产生负面影响。员工应对工作压力有以下措施。

（1）对工作做出计划，订立缓急先后，改善时间管理。

（2）积极面对问题，跟同事与上司讨论解决问题的方法。

（3）多做运动，保持体魄强健。

（4）保持均衡及充足饮食，避免不健康食品，如咖啡、烟酒。

（5）保持充足睡眠，睡前排除杂念。

（6）学习松弛技巧。

（7）与同事、家人、朋友建立良好关系，建立交流网络。

（8）作息有序，合理安排休闲活动，发展个人兴趣。

（9）遇到困难，可向信赖的人倾诉，或找专业辅导人员或心理专家辅导。

第三节　环境保护与可持续发展

近几年来，联合国及世界各国不断推出保护人类生存环境的政策和举措。环境保护、可持续发展、清洁生产、循环经济、绿色工业、绿色产品、人与自然和谐、科学发展观等名词也成了人们的日常话题。因此，环境与发展问题已成为当今人类普遍关注和亟待解决的重大命题。

本节内容旨在帮助各生产领域的员工加深对环境保护知识的理解，树立可持续发展观，把可持续发展的思想贯穿于各行各业的技术路线、生产管理、行政管理等方面，起到提供知识、增强意识的作用。

一、地球环境与生态系统及人口与资源问题

地球是迄今为止所确认的唯一有生命存在的天体。它是人类生活的家园，与人类生存和发展的关系是十分密切的。人们一直在探索地球的奥秘，了解地球的组成、结构和演化的历史和规律，但是更为重要的是人类应该爱护地球，保卫地球，因为地球只有一个。

（一）地球环境

地球环境是指大气圈（主要是对流层）、水圈、土壤圈、岩石圈和生物圈，又称为全球环境或地理环境。地球环境与人类及生物的关系尤为密切。其中，生物圈中的生物把地球上各个圈层的关系密切地联系在一起，并形成了总的人类生存的生态网，在这个生态圈内进行着物质循环、能量转换以及信息传递。

（二）生态系统

生态系统就是在一定时间和空间内，各种各样的动物、植物、微生物等生物和非生物之间，不断地通过物质循环、能量流动和信息流动，为人类提供产品（如粮食、蔬菜、水果、木材等）和服务（如调节气候、水源涵养、水土保持等），具有一定结构和功能的统一整体。生态系统中，各种生物彼此间以及生物与非生物的环境因素之间互相作用，关系密切。图4-10为一个简化的陆地生态系统。

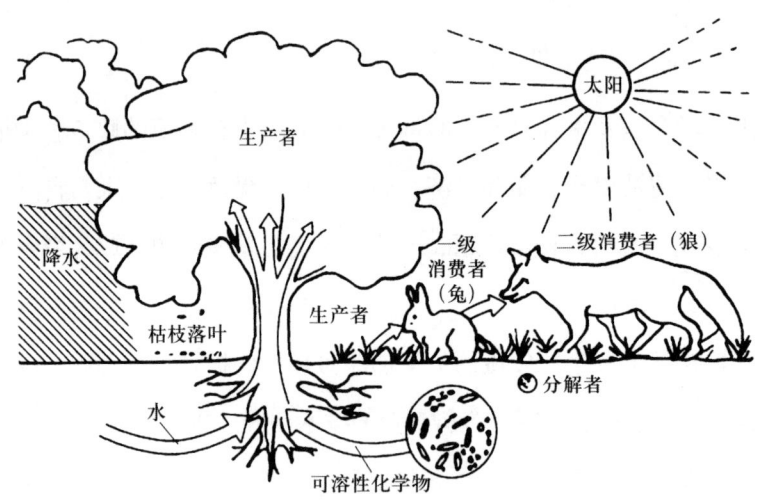

图4-10 一个简化的陆地生态系统

生态平衡指在一定时间内生态系统中的生物和环境之间、生物各个种群之间，通过能量流动、物质循环和信息传递，使它们相互之间达到高度适应、协调和统一的状态。

如果生态系统受到外界干扰超过它本身自动调节的能力，会导致生态平衡的破坏。生态系统一旦失去平衡，就会发生非常严重的连锁性后果。例如20世纪50年代，我国曾发起把麻雀作为"四害"来消灭的运动。可是在大量捕杀了麻雀之后的几年里，却出现了严重的虫灾，使农业生产受到巨大的损失。

（三）人口与资源问题

当今世界环境污染和生态破坏日益严重，已经威胁到人类的生存和发展，其产生的原因主要是人类的不适当活动，特别是人口的激增。在人类影响环境的诸多因素中，人口是最主要最根本的因素。人口问题是一个复杂的社会问题，也是人类所面临的一个基本的生态学问题。

1. 人口现状及发展

人口的急剧膨胀是当前人类面临的主要环境问题之一。预计到2025年世界人口将超过80亿，并继续增长，直到22世纪初世界人口才能达到稳定值。人虽然是宝贵的财富，但人口的快速增长和人均占有资源的矛盾愈加尖锐化；同时在生产过程中废弃物排放量也增大，加重了环境污染。另外，人口的增加会超出地球环境对人口的合理承载能力，这必将对人类的经济、社会、环境产生不可估量的影响。

2. 资源问题

人口的增长必然带来从环境中攫取更多的资源，而那些不可再生资源将面临短缺和耗竭的危险，即使可再生资源也会出现供不应求的局面。全球资源问题主要表现为水资源严重短缺、土地资源不断减少和退化、能源紧张、矿产资源浪费和短缺等。其中，水资源短缺和水污染，已成为当代世界严重的资源环境问题之一，也是未来人类将面临的严峻的挑战之一。

二、可持续发展的基本理论

世界环境与发展委员会在1987年发表的《我们共同的未来》报告中是这样定义可

持续发展的：既满足当代人的需求，又不对后代人满足其需求的能力构成危害的发展，即可持续发展指满足当前需要，而又不削弱子孙后代满足其需要的能力的发展。定义包括两个要点：

（1）人类要发展，要满足当代人类的发展需求。

（2）不能损害后代人的生存权利，代际应该是平等的。

（一）生态破坏及全球性环境问题

人类社会发展到今天，创造了前所未有的文明，但同时也带来了一系列环境问题。近代工业革命使人与自然环境的关系又一次发生巨大变化。当前世界范围内，一些环境问题正危及人类的生存与社会的发展，如植被破坏、水土流失、荒漠化、恶劣气候、臭氧层破坏、生物多样性锐减等。

（二）可持续发展战略的基本思想

可持续发展是立足于环境和自然资源角度提出的关于人类长期发展的战略和模式。这并非一般意义上所指的在时间和空间上的连续，而是强调环境承载能力和资源的永续利用对发展进程的重要性和必要性。它的基本思想主要包括三个方面。

（1）可持续发展鼓励经济增长。

（2）可持续发展的标志是资源的永续利用和良好的生态环境。

（3）可持续发展的目标是谋求社会的全面进步。

三、清洁生产

为提高资源利用效率，改善生产质量，最大限度地解决环境问题，工业废物产生和排放量要大大削减，可以通过加强末端处理技术来减少对环境的危害。工业废物预防能避免或最小化废物产生和排放量。为了保护能源和原材料，改善生产技术的废物预防方法变得更有意义。清洁生产的基本理念是非常简明的，即在源头消除或使废物产生和排放量最小化，而不是废物产生后进行处理。

（一）清洁生产概述

清洁生产是指在生产过程和产品中持续应用全面的预防性环境保护战略，以减少对人类和环境的风险。清洁生产本质上是一种生产模式，它对生产过程和产品采取全面预防的环境保护战略,减少或消除其对人类和环境可能造成的危害,充分满足人类的需求,实现社会效益和经济效益的最大化。

清洁生产的内容主要包括清洁的能源、清洁的生产过程、清洁的产品三个方面。

1. 清洁的能源

清洁的能源包括常规能源的清洁利用,可再生能源的利用,新能源的开发利用,以及各种节能技术的引进、开发和利用等。

2. 清洁的生产过程

清洁生产是对全生产过程进行控制,通过控制反应条件、原料配比、工艺路线等方法,减少或消除可能产生的有毒有害的中间产品,使其不成为最终的副产品进入环境,也不能使这些有毒有害的中间产品污染生产区域内的环境,危害操作人员的身体健康。同时,尽可能地减少或消除生产过程中的各种危险因素,如高温高压、低温低压、易燃、易爆、强噪声、强震动等,改善生产工人的劳动环境和操作条件。

3. 清洁的产品

对于一个清洁的产品,要求其在生产过程、使用过程中甚至在使用之后,能对环境无害。与此同时,应降低产品的物耗、能耗,减少加工工序,不应盲目追求"多功能""万能""全能"等,这往往不能发挥其实用功能,反而会造成资源的浪费。要开发系列产品,品种齐全,满足不同的消费要求,避免大材小用、优品劣用。随着产品升级换代的加快,新产品的不断问世,要求产品使用报废后,易于回收、再生和重复使用,或者产品报废后易于降解。

(二)清洁生产实施路径

从清洁生产的概念来看,清洁生产的基本途径为清洁工艺及清洁产品两个部分。

1. 清洁工艺

清洁工艺是指既能提高经济效益又能减少环境问题的工艺技术。它要求在提高生产效率的同时必须兼顾削减或消除危险废物及其他有毒化学品的用量,改善劳动条件,减少对职工的健康威胁,并能生产出安全的与环境兼容的产品。这是技术改造和创新的目标。

开发清洁生产是十分复杂的综合过程,且因生产过程的特点及产品种类而各不相同，但根据清洁生产的概念以及近年来工业实践在开发和应用清洁生产技术方面所积累的经验，可以归纳如下一些实现清洁生产的主要途径。

（1）革新产品体系，正确规划产品方案及选择原料路线。

（2）调整产品结构，改进产品设计。

（3）实现自然资源的充分、综合利用。

（4）改革工艺和设备，采用高效设备和少废、无废的工艺。

2. 清洁产品

清洁产品是从产品的可回收利用性、可处置性或可重新加工性等方面考虑。清洁产品要求产品的设计人员本着产品促进污染预防的宗旨设计产品。一旦产品被确定，产品的环境影响也被注定。

四、绿色经济

绿色经济是在传统工业经济的基础上，以市场为导向，以经济与环境协调为目标的新型经济形态。它是工业经济为满足人类环境保护和健康的需要而产生和表现出来的一种发展状态。绿色经济的目标是经济与环境的和谐，将环保技术、清洁生产工艺等众多有益于环境的技术转化为生产力，通过有益于环境或与环境无对抗的经济行为实现经济的可持续增长。

绿色经济与传统产业经济的区别在于：传统产业经济的特点是破坏生态平衡，消耗大量能源和资源，损害人类健康，是一种消费型经济；绿色经济是以维护人类生存环境、合理保护资源和能源、有利于人类健康为特征的经济，是一种平衡的经济。

五、工业污染与防治

工业生产过程中形成的废气、废水、固体排放物及噪声会对环境造成污染，不仅破坏生物的生存环境，而且直接危害人类的健康。工业污染防治是对工业生产过程中产生的有害物质和滥用自然资源造成的环境破坏、人体危害所作的治理、预防和变害为利的转化。

（一）工业污染源及危害

工业污染源是指工业生产过程中向环境排放有害物质或对环境产生有害影响的生产场所、设备和装置。它主要是由于事前没有考虑环境保护的要求，或者虽然考虑但在技术或经济上存在一时难以解决的困难，因而没有采取相关措施或设立必要装置而形成的。工业生产中的各个环节，如原料生产、加工过程、燃烧过程、加热和冷却过程、成品整理过程等使用的生产设备或生产场所，都可能成为工业污染源。

工业污染物导致的大气污染对人体健康的危害主要表现为引起呼吸道疾病。在突然的高浓度污染物作用下，可造成急性中毒，甚至在短时间内死亡。长期接触低浓度污染物，会引起支气管炎、支气管哮喘、肺气肿和肺癌等疾病。工业污染物导致的水体污染会危害人类健康，如果水中有生物性污染，还会导致一些传染病。水体污染还会危害农业与渔业，用污染水直接灌溉农田，可能导致农作物品质降低，导致农作物减产甚至绝收。工业固体污染物会导致大气污染、水体污染、土壤污染等，严重影响人体健康和其他生物的生存。工业噪声污染会损伤听神经细胞而使人或其他生物逐渐失去听觉，此外还会引起神经衰弱、头晕、失眠、多梦、注意力不集中、反应迟钝等症状。

（二）工业污染处理技术

针对不同的污染，可采取相应措施缓解或根除污染。

1. 大气污染

大气污染控制方法主要包括减少或防止污染物的排放、治理排放的主要污染物、发展植物净化及利用环境的自净能力等。减少或防止污染物的排放可采取的措施有以下方面。

（1）改革能源结构，采用无污染能源（如太阳能、风能、水力）和低污染能源（如天然气、沼气、酒精）。

（2）燃料预处理（如燃料脱硫、煤液化和气化），减少燃烧过程中产生的大气污染物。

（3）改进燃烧装置和燃烧技术（如改造炉灶、采用沸腾炉燃烧等），提高燃烧效率，减少有害气体排放。

（4）采用无污染或低污染的工业生产工艺（如不使用或少使用易造成污染的原料、

采用闭环工艺等）。

（5）节能，开展资源综合利用。

（6）加强企业管理，减少事故性排放和逸散。

（7）及时清理或妥善处置工业、生活、建筑垃圾残留物，减少地面扬尘。

在燃烧过程和工业生产过程中采取上述措施后，仍有部分污染物排放到大气中，排放浓度和总量应控制在区域环境容量的范围内。治理排放污染物的方法有以下几种。

（1）使用各种除尘器清除烟雾和工业粉尘。

（2）用气体吸收塔处理有害气体（如用氨、氢氧化钠、碳酸钠等碱性溶液吸收废气中的二氧化硫，用碱吸收法处理废气中的氮氧化物等）。

（3）用其他物理（如冷凝）、化学（如催化转化）、物理和化学（如分子筛、活性炭吸附、膜分离）方法回收废气中的有用物质或使有害气体无害化。

2. 水污染

水污染控制技术的目的就是将其中的污染物以某种方法分离出来，或将其分解转化为无害稳定物质，从而使污水得到净化，主要有物理、化学、生物三大方面。

（1）物理处理法的基本原理是利用物理作用使悬浮状态的污染物质与废水分离，在处理过程中不改变其化学性质。既可以使废水得到一定程度的澄清，又可以回收分离下来的物质加以利用。该法最大的优点是简单、易行、效果良好，并且十分经济。常用的有过滤法、沉淀法、气浮法等。

（2）化学处理法是利用化学反应的作用去除水中的杂质。主要处理对象是废水中无机或有机的（难以生物降解的）溶解态或胶态的污染物质。它既可使污染物与水分离，回收某些有用物质，也能改变污染物的性质，如降低废水的酸碱度、去除金属离子、氧化某些有毒有害的物质等，因此可以达到比物理法更高的净化程度。常用的方法有混凝法、中和法、化学沉淀法和氧化还原法。

（3）生物处理法是利用自然环境中微生物的生物化学作用来氧化分解废水中的有机物和某些无机毒物（如硫化物），并将其转化为稳定无害的无机物的一种废水处理方法。该方法具有投资少、效果好、运行费用低等优点，在城市废水和工业废水的处理中得到最广泛的应用。

3. 固体废物污染

固体废物的处理是指通过各种物理、化学、生物等方法将固体废物转变为适于运输、利用、储存或最终处置的过程。常见的处理方法有焚烧法、化学法、分选法、固化法、生物法等。

此外，危险固体废物的处置是固体废物管理环节中重要的组成部分，受到广泛的重视。针对危险固体废物的处理方法有填埋法、焚烧法、固化法、化学法、生物法等。

4. 噪声污染

控制和消除噪声声源是一项根本性措施；但要完全消除生产性噪声，既不经济也不可能，只能通过工艺改革以无声或产生低声的设备和工艺代替高声设备，提倡采用新技术、新工艺、新设备、新材料来降低噪声。此外，合理进行厂区规划和厂房设计，使噪声源远离其他作业区，或造隔声墙，建筑物内墙选用吸声材料等，对局部噪声源采取防噪声措施，采用消声装置以隔离和封闭噪声源，控制噪声的传播和反射，都能取得较好的效果。

思考题

1. 机械加工作业常见的危害有哪些？
2. 急救措施有哪些？简述如何操作。
3. 简述常见职业病的危害及防护措施。
4. 简述工业污染如何处理。

第五章
相关法律法规知识

本章主要介绍与工业生产相关的法律法规知识,旨在帮助企业及企业员工了解基本法律法规,维护自身合法权益。

- **职业功能:** 相关法律法规知识。
- **工作内容:** 通过法律维护个人合法权益,保障生产安全、网络安全以及数据安全。
- **专业能力要求:** 能够运用法律维护自身合法权益;能够自觉遵守安全生产法、网络安全法、数据安全法,履行相关责任和义务。
- **相关知识要求:**《中华人民共和国劳动法》《中华人民共和国安全生产法》《中华人民共和国网络安全法》《中华人民共和国数据安全法》。

第一节 《中华人民共和国劳动法》相关知识

劳动法是调整劳动关系以及与劳动关系有密切联系的其他社会关系的法律规范的总称。新中国成立后，先后制定了《劳动保险条例》《劳动保障监察条例》《劳动争议调解仲裁法》《女职工劳动保护特别规定》《劳动法》《劳动合同法》等一系列劳动法律法规，这些法律法规和相关的司法解释一起，构成了广义上的劳动法。狭义上的劳动法，仅指《中华人民共和国劳动法》。

《劳动法》保护劳动者的合法权益，调整劳动关系，建立和维护适应社会主义市场经济的劳动制度，促进经济发展和社会进步。

一、促进就业

（1）国家通过促进经济和社会发展，创造就业条件，扩大就业机会。

国家鼓励企业、事业组织、社会团体在法律、行政法规规定的范围内兴办产业或者拓展经营，增加就业。

国家支持劳动者自愿组织起来就业和从事个体经营实现就业。

（2）劳动者就业，不因民族、种族、性别、宗教信仰不同而受歧视。

（3）妇女享有与男子平等的就业权利。在录用职工时，除国家规定的不适合妇女的工种或者岗位外，不得以性别为由拒绝录用妇女或者提高对妇女的录用标准。

（4）残疾人、少数民族人员、退出现役军人的就业，法律、法规有特别规定的，从其规定。

（5）禁止用人单位招用未满十六周岁的未成年人。

文艺、体育和特种工艺单位招用未满十六周岁的未成年人，必须遵守国家有关规定，并保障其接受义务教育的权利。

二、劳动合同和集体合同

（1）劳动合同是劳动者与用人单位确立劳动关系、明确双方权利和义务的协议。

建立劳动关系应当订立劳动合同。

（2）订立和变更劳动合同，应当遵循平等自愿、协商一致的原则，不得违反法律、行政法规的规定。

劳动合同依法订立即具有法律约束力，当事人必须履行劳动合同规定的义务。

（3）下列劳动合同无效：①违反法律、行政法规的劳动合同。②采取欺诈、威胁等手段订立的劳动合同。

无效的劳动合同，从订立的时候起，就没有法律约束力。确认劳动合同部分无效的，如果不影响其余部分的效力，其余部分仍然有效。

劳动合同的无效，由劳动争议仲裁委员会或者人民法院确认。

（4）劳动合同应当以书面形式订立，并具备以下条款：①劳动合同期限。②工作内容。③劳动保护和劳动条件。④劳动报酬。⑤劳动纪律。⑥劳动合同终止的条件。⑦违反劳动合同的责任。

劳动合同除上述必备条款外，当事人还可以协商约定其他内容。

（5）劳动合同的期限分为有固定期限、无固定期限和以完成一定的工作为期限。

劳动者在同一用人单位连续工作满十年以上，当事人双方同意续延劳动合同的，如果劳动者提出订立无固定期限的劳动合同，应当订立无固定期限的劳动合同。

（6）劳动合同可以约定试用期。试用期最长不得超过六个月。

（7）劳动合同当事人可以在劳动合同中约定保守用人单位商业秘密的有关事项。

（8）劳动合同期满或者当事人约定的劳动合同终止条件出现，劳动合同即行终止。

（9）经劳动合同当事人协商一致，劳动合同可以解除。

（10）劳动者有下列情形之一的，用人单位可以解除劳动合同：①在试用期间被证明不符合录用条件的。②严重违反劳动纪律或者用人单位规章制度的。③严重失职，营私舞弊，对用人单位利益造成重大损害的。④被依法追究刑事责任的。

（11）有下列情形之一的，用人单位可以解除劳动合同，但是应当提前三十日以书面形式通知劳动者本人：①劳动者患病或者非因工负伤，医疗期满后，不能从事原工作也不能从事由用人单位另行安排的工作的。②劳动者不能胜任工作，经过培训或者调整工作岗位，仍不能胜任工作的。③劳动合同订立时所依据的客观情况发生重大变化，致使原劳动合同无法履行，经当事人协商不能就变更劳动合同达成协议的。

（12）用人单位濒临破产进行法定整顿期间或者生产经营状况发生严重困难，确需裁减人员的，应当提前三十日向工会或者全体职工说明情况，听取工会或者职工的意见，经向劳动行政部门报告后，可以裁减人员。

用人单位依据本条规定裁减人员，在六个月内录用人员的，应当优先录用被裁减的人员。

（13）劳动者有下列情形之一的，用人单位不得解除劳动合同：①患职业病或者因工负伤并被确认丧失或者部分丧失劳动能力的。②患病或者负伤，在规定的医疗期内的。③女职工在孕期、产期、哺乳期内的。④法律、行政法规规定的其他情形。

（14）用人单位解除劳动合同，工会认为不适当的，有权提出意见。如果用人单位违反法律、法规或者劳动合同，工会有权要求重新处理。劳动者申请仲裁或者提起诉讼的，工会应当依法给予支持和帮助。

（15）劳动者解除劳动合同，应当提前三十日以书面形式通知用人单位。

（16）有下列情形之一的，劳动者可以随时通知用人单位解除劳动合同：①在试用期内的。②用人单位以暴力、威胁或者非法限制人身自由的手段强迫劳动的。③用人单位未按照劳动合同约定支付劳动报酬或者提供劳动条件的。

（17）企业职工一方与企业可以就劳动报酬、工作时间、休息休假、劳动安全卫生、保险福利等事项，签订集体合同。集体合同草案应当提交职工代表大会或者全体职工讨论通过。

集体合同由工会代表职工与企业签订。没有建立工会的企业，由职工推举的代表与企业签订。

（18）集体合同签订后应当报送劳动行政部门。劳动行政部门自收到集体合同文本之日起十五日内未提出异议的，集体合同即行生效。

（19）依法签订的集体合同对企业和企业全体职工具有约束力。职工个人与企业订立的劳动合同中劳动条件和劳动报酬等标准不得低于集体合同的规定。

三、工作时间和休息休假

（1）国家实行劳动者每日工作时间不超过八小时、平均每周工作时间不超过四十四小时的工时制度。

（2）对实行计件工作的劳动者，用人单位应当根据法律规定的工时制度合理确定其劳动定额和计件报酬标准。

（3）用人单位应当保证劳动者每周至少休息一日。

（4）企业因生产特点不能实行本法规定的，经劳动行政部门批准，可以实行其他工作和休息办法。

（5）用人单位在下列节日期间应当依法安排劳动者休假：①元旦。②春节。③国际劳动节。④国庆节。⑤法律、法规规定的其他休假节日。

（6）用人单位由于生产经营需要，经与工会和劳动者协商后可以延长工作时间，一般每日不得超过一小时。因特殊原因需要延长工作时间的，在保障劳动者身体健康的条件下延长工作时间每日不得超过三小时，但是每月不得超过三十六小时。

（7）有下列情形之一的，延长工作时间不受本法规定的限制：①发生自然灾害、事故或者因其他原因，威胁劳动者生命健康和财产安全，需要紧急处理的。②生产设备、交通运输线路、公共设施发生故障，影响生产和公众利益，必须及时抢修的。③法律、行政法规规定的其他情形。

（8）用人单位不得违反法律规定延长劳动者的工作时间。

（9）有下列情形之一的，用人单位应当按照下列标准支付高于劳动者正常工作时间工资的工资报酬：①安排劳动者延长工作时间的，支付不低于工资的百分之一百五十的工资报酬。②休息日安排劳动者工作又不能安排补休的，支付不低于工资的百分之二百的工资报酬。③法定休假日安排劳动者工作的，支付不低于工资的百分之三百的工资报酬。

（10）国家实行带薪年休假制度。

劳动者连续工作一年以上的，享受带薪年休假。具体办法由国务院规定。

四、工资

（1）工资分配应当遵循按劳分配原则，实行同工同酬。

工资水平在经济发展的基础上逐步提高。国家对工资总量实行宏观调控。

（2）用人单位根据本单位的生产经营特点和经济效益，依法自主确定本单位的工资分配方式和工资水平。

（3）国家实行最低工资保障制度。最低工资的具体标准由省、自治区、直辖市人民政府规定，报国务院备案。

用人单位支付劳动者的工资不得低于当地最低工资标准。

（4）确定和调整最低工资标准应当综合参考下列因素：①劳动者本人及平均赡养人口的最低生活费用。②社会平均工资水平。③劳动生产率。④就业状况。⑤地区之间经济发展水平的差异。

（5）工资应当以货币形式按月支付给劳动者本人。不得克扣或者无故拖欠劳动者的工资。

（6）劳动者在法定休假日和婚丧假期间以及依法参加社会活动期间，用人单位应当依法支付工资。

五、职业培训

（1）用人单位应当建立职业培训制度，按照国家规定提取和使用职业培训经费，根据本单位实际，有计划地对劳动者进行职业培训。

从事技术工种的劳动者，上岗前必须经过培训。

（2）国家确定职业分类，对规定的职业制定职业技能标准，实行职业资格证书制度，由经备案的考核鉴定机构负责对劳动者实施职业技能考核鉴定。

六、社会保险和福利

（1）社会保险基金按照保险类型确定资金来源，逐步实行社会统筹。用人单位和劳动者必须依法参加社会保险，缴纳社会保险费。

（2）劳动者在下列情形下，依法享受社会保险待遇：①退休。②患病、负伤。③因工伤残或者患职业病。④失业。⑤生育。

劳动者死亡后，其遗属依法享受遗属津贴。

劳动者享受社会保险待遇的条件和标准由法律、法规规定。

劳动者享受的社会保险金必须按时足额支付。

（3）国家发展社会福利事业，兴建公共福利设施，为劳动者休息、休养和疗养提供条件。

用人单位应当创造条件，改善集体福利，提高劳动者的福利待遇。

七、劳动争议

（1）用人单位与劳动者发生劳动争议，当事人可以依法申请调解、仲裁、提起诉讼，也可以协商解决。

调解原则适用于仲裁和诉讼程序。

（2）解决劳动争议，应当根据合法、公正、及时处理的原则，依法维护劳动争议当事人的合法权益。

（3）劳动争议发生后，当事人可以向本单位劳动争议调解委员会申请调解。调解不成，当事人一方要求仲裁的，可以向劳动争议仲裁委员会申请仲裁。当事人一方也可以直接向劳动争议仲裁委员会申请仲裁。对仲裁裁决不服的，可以向人民法院提起诉讼。

（4）在用人单位内，可以设立劳动争议调解委员会。劳动争议调解委员会由职工代表、用人单位代表和工会代表组成。劳动争议调解委员会主任由工会代表担任。

劳动争议经调解达成协议的，当事人应当履行。

（5）劳动争议仲裁委员会由劳动行政部门代表、同级工会代表、用人单位方面的代表组成。劳动争议仲裁委员会主任由劳动行政部门代表担任。

（6）提出仲裁要求的一方应当自劳动争议发生之日起六十日内向劳动争议仲裁委员会提出书面申请。仲裁裁决一般应在收到仲裁申请的六十日内作出。对仲裁裁决无异议的，当事人必须履行。

（7）劳动争议当事人对仲裁裁决不服的，可以自收到仲裁裁决书之日起十五日内向人民法院提起诉讼。一方当事人在法定期限内不起诉又不履行仲裁裁决的，另一方当事人可以申请人民法院强制执行。

（8）因签订集体合同发生争议，当事人协商解决不成的，当地人民政府劳动行政部门可以组织有关各方协调处理。

因履行集体合同发生争议，当事人协商解决不成的，可以向劳动争议仲裁委员会申请仲裁。对仲裁裁决不服的，可以自收到仲裁裁决书之日起十五日内向人民法院提起诉讼。

八、法律责任

（1）用人单位制定的劳动规章制度违反法律、法规规定的，由劳动行政部门给予警告，责令改正。对劳动者造成损害的，应当承担赔偿责任。

（2）用人单位违反本法规定，延长劳动者工作时间的，由劳动行政部门给予警告，责令改正，并可以处以罚款。

（3）用人单位有下列侵害劳动者合法权益情形之一的，由劳动行政部门责令支付劳动者的工资报酬、经济补偿，并可以责令支付赔偿金：①克扣或者无故拖欠劳动者工资的。②拒不支付劳动者延长工作时间工资报酬的。③低于当地最低工资标准支付劳动者工资的。④解除劳动合同后，未依照本法规定给予劳动者经济补偿的。

（4）用人单位的劳动安全设施和劳动卫生条件不符合国家规定或者未向劳动者提供必要的劳动防护用品和劳动保护设施的，由劳动行政部门或者有关部门责令改正，可以处以罚款。情节严重的，提请县级以上人民政府决定责令停产整顿。对事故隐患不采取措施，致使发生重大事故，造成劳动者生命和财产损失的，对责任人员依照刑法有关规定追究刑事责任。

（5）用人单位强令劳动者违章冒险作业，发生重大伤亡事故，造成严重后果的，对责任人员依法追究刑事责任。

（6）用人单位非法招用未满十六周岁的未成年人的，由劳动行政部门责令改正，处以罚款。情节严重的，由市场监督管理部门吊销营业执照。

（7）用人单位违反本法对女职工和未成年工的保护规定，侵害其合法权益的，由劳动行政部门责令改正，处以罚款。对女职工或者未成年工造成损害的，应当承担赔偿责任。

（8）用人单位有下列行为之一，由公安机关对责任人员处以十五日以下拘留、罚款或者警告。构成犯罪的，对责任人员依法追究刑事责任：①以暴力、威胁或者非法限制人身自由的手段强迫劳动的。②侮辱、体罚、殴打、非法搜查和拘禁劳动者的。

（9）由于用人单位的原因订立的无效合同，对劳动者造成损害的，应当承担赔偿责任。

（10）用人单位违反本法规定的条件解除劳动合同或者故意拖延不订立劳动合同的，由劳动行政部门责令改正。对劳动者造成损害的，应当承担赔偿责任。

（11）用人单位招用尚未解除劳动合同的劳动者，对原用人单位造成经济损失的，该用人单位应当依法承担连带赔偿责任。

（12）用人单位无故不缴纳社会保险费的，由劳动行政部门责令其限期缴纳。逾期不缴的，可以加收滞纳金。

（13）用人单位无理阻挠劳动行政部门、有关部门及其工作人员行使监督检查权，打击报复举报人员的，由劳动行政部门或者有关部门处以罚款。构成犯罪的，对责任人员依法追究刑事责任。

（14）劳动者违反本法规定的条件解除劳动合同或者违反劳动合同中约定的保密事项，对用人单位造成经济损失的，应当依法承担赔偿责任。

（15）劳动行政部门或者有关部门的工作人员滥用职权、玩忽职守、徇私舞弊，构成犯罪的，依法追究刑事责任。不构成犯罪的，给予行政处分。

（16）国家工作人员和社会保险基金经办机构的工作人员挪用社会保险基金，构成犯罪的,依法追究刑事责任。

(17)违反本法规定侵害劳动者合法权益,其他法律、行政法规已规定处罚的,依照该法律、行政法规的规定处罚。

第二节 《中华人民共和国安全生产法》相关知识

为了加强安全生产工作,防止和减少生产安全事故,保障人民群众生命和财产安全,促进经济社会持续健康发展,制定《中华人民共和国安全生产法》(以下简称《安全生产法》)。

一、生产经营单位的安全生产保障

(1)生产经营单位应当具备本法和有关法律、行政法规和国家标准或者行业标准规定的安全生产条件。不具备安全生产条件的,不得从事生产经营活动。

(2)生产经营单位的主要负责人对本单位安全生产工作负有下列职责:①建立健全并落实本单位全员安全生产责任制,加强安全生产标准化建设。②组织制定并实施本单位安全生产规章制度和操作规程。③组织制定并实施本单位安全生产教育和培训计划。④保证本单位安全生产投入的有效实施。⑤组织建立并落实安全风险分级管控和隐患排查治理双重预防工作机制,督促、检查本单位的安全生产工作,及时消除生产安全事故隐患。⑥组织制定并实施本单位的生产安全事故应急救援预案。⑦及时、如实报告生产安全事故。

(3)生产经营单位的全员安全生产责任制应当明确各岗位的责任人员、责任范围和考核标准等内容。

生产经营单位应当建立相应的机制,加强对全员安全生产责任制落实情况的监督考核,保证全员安全生产责任制的落实。

(4)生产经营单位应当具备的安全生产条件所必需的资金投入,由生产经营单位的决策机构、主要负责人或者个人经营的投资人予以保证,并对由于安全生产所必需的资金投入不足导致的后果承担责任。

有关生产经营单位应当按照规定提取和使用安全生产费用,专门用于改善安全生产条件。安全生产费用在成本中据实列支。安全生产费用提取、使用和监督管理的具体办法由国务院财政部门会同国务院应急管理部门征求国务院有关部门意见后制定。

(5)矿山、金属冶炼、建筑施工、运输单位和危险物品的生产、经营、储存、装卸单位,应当设置安全生产管理机构或者配备专职安全生产管理人员。

其他生产经营单位,从业人员超过一百人的,应当设置安全生产管理机构或者配备专职安全生产管理人员。从业人员在一百人以下的,应当配备专职或者兼职的安全生产管理人员。

(6)生产经营单位的安全生产管理机构以及安全生产管理人员履行下列职责:①组织或者参与拟订本单位安全生产规章制度、操作规程和生产安全事故应急救援预案。②组织或者参与本单位安全生产教育和培训,如实记录安全生产教育和培训情况。③组织开展危险源辨识和评估,督促落实本单位重大危险源的安全管理措施。④组织或者参与本单位应急救援演练。⑤检查本单位的安全生产状况,及时排查生产安全事故隐患,提出改进安全生产管理的建议。⑥制止和纠正违章指挥、强令冒险作业、违反操作规程的行为。⑦督促落实本单位安全生产整改措施。

生产经营单位可以设置专职安全生产分管负责人,协助本单位主要负责人履行安全生产管理职责。

(7)生产经营单位应当对从业人员进行安全生产教育和培训,保证从业人员具备必要的安全生产知识,熟悉有关的安全生产规章制度和安全操作规程,掌握本岗位的安全操作技能,了解事故应急处理措施,知悉自身在安全生产方面的权利和义务。未经安全生产教育和培训合格的从业人员,不得上岗作业。

（8）生产经营单位采用新工艺、新技术、新材料或者使用新设备，必须了解、掌握其安全技术特性，采取有效的安全防护措施，并对从业人员进行专门的安全生产教育和培训。

（9）生产经营单位的特种作业人员必须按照国家有关规定经专门的安全作业培训，取得相应资格，方可上岗作业。

（10）生产经营单位应当在有较大危险因素的生产经营场所和有关设施、设备上，设置明显的安全警示标志。

（11）安全设备的设计、制造、安装、使用、检测、维修、改造和报废，应当符合国家标准或者行业标准。

生产经营单位必须对安全设备进行经常性维护、保养，并定期检测，保证正常运转。维护、保养、检测应当做好记录，并由有关人员签字。

生产经营单位不得关闭、破坏直接关系生产安全的监控、报警、防护、救生设备、设施，或者篡改、隐瞒、销毁其相关数据、信息。

（12）生产经营单位使用的危险物品的容器、运输工具，以及涉及人身安全、危险性较大的海洋石油开采特种设备和矿山井下特种设备，必须按照国家有关规定，由专业生产单位生产，并经具有专业资质的检测、检验机构检测、检验合格，取得安全使用证或者安全标志，方可投入使用。检测、检验机构对检测、检验结果负责。

（13）生产经营单位不得使用应当淘汰的危及生产安全的工艺、设备。

（14）生产经营单位生产、经营、运输、储存、使用危险物品或者处置废弃危险物品，必须执行有关法律、法规和国家标准或者行业标准，建立专门的安全管理制度，采取可靠的安全措施，接受有关主管部门依法实施的监督管理。

（15）生产经营单位应当建立安全风险分级管控制度，按照安全风险分级采取相应的管控措施。

生产经营单位应当建立健全并落实生产安全事故隐患排查治理制度，采取技术、管理措施，及时发现并消除事故隐患。事故隐患排查治理情况应当如实记录，并通过职工大会或者职工代表大会、信息公示栏等方式向从业人员通报。其中，重大事故隐患排查治理情况应当及时向负有安全生产监督管理职责的部门和职工大会或者职工代表大会报告。

（16）生产、经营、储存、使用危险物品的车间、商店、仓库不得与员工宿舍在同一座建筑物内，并应当与员工宿舍保持安全距离。

生产经营场所和员工宿舍应当设有符合紧急疏散要求、标志明显、保持畅通的出口、疏散通道。禁止占用、锁闭、封堵生产经营场所或者员工宿舍的出口、疏散通道。

（17）生产经营单位应当教育和督促从业人员严格执行本单位的安全生产规章制度和安全操作规程，并向从业人员如实告知作业场所和工作岗位存在的危险因素、防范措施以及事故应急措施。

（18）生产经营单位必须为从业人员提供符合国家标准或者行业标准的劳动防护用品，并监督、教育从业人员按照使用规则佩戴、使用。

（19）生产经营单位的安全生产管理人员应当根据本单位的生产经营特点，对安全生产状况进行经常性检查。对检查中发现的安全问题，应当立即处理。不能处理的，应当及时报告本单位有关负责人，有关负责人应当及时处理。检查及处理情况应当如实记录在案。

（20）两个以上生产经营单位在同一作业区域内进行生产经营活动，可能危及对方生产安全的，应当签订安全生产管理协议，明确各自的安全生产管理职责和应当采取的安全措施，并指定专职安全生产管理人员进行安全检查与协调。

（21）生产经营单位不得将生产经营项目、场所、设备发包或者出租给不具备安全生产条件或者相应资质的单位或者个人。

生产经营项目、场所发包或者出租给其他单位的，生产经营单位应当与承包单位、承租单位签订专门的安全生产管理协议，或者在承包合同、租赁合同中约定各自的安全生产管理职责。生产经营单位对承包单位、承租单位的安全生产工作统一协调、管理，定期进行安全检查，发现安全问题的，应当及时督促整改。

（22）生产经营单位发生生产安全事故时，单位的主要负责人应当立即组织抢救，并不得在事故调查处理期间擅离职守。

（23）生产经营单位必须依法参加工伤保险，为从业人员缴纳保险费。

二、从业人员的安全生产权利义务

（1）生产经营单位与从业人员订立的劳动合同，应当载明有关保障从业人员劳动安全、防止职业危害的事项，以及依法为从业人员办理工伤保险的事项。

生产经营单位不得以任何形式与从业人员订立协议，免除或者减轻其对从业人员因生产安全事故伤亡依法应承担的责任。

（2）生产经营单位的从业人员有权了解其作业场所和工作岗位存在的危险因素、防范措施及事故应急措施，有权对本单位的安全生产工作提出建议。

（3）从业人员有权对本单位安全生产工作中存在的问题提出批评、检举、控告，有权拒绝违章指挥和强令冒险作业。

生产经营单位不得因从业人员对本单位安全生产工作提出批评、检举、控告或者拒绝违章指挥、强令冒险作业而降低其工资、福利等待遇或者解除与其订立的劳动合同。

（4）从业人员发现直接危及人身安全的紧急情况时，有权停止作业或者在采取可能的应急措施后撤离作业场所。

生产经营单位不得因从业人员在前款紧急情况下停止作业或者采取紧急撤离措施而降低其工资、福利等待遇或者解除与其订立的劳动合同。

（5）生产经营单位发生生产安全事故后，应当及时采取措施救治有关人员。

因生产安全事故受到损害的从业人员，除依法享有工伤保险外，依照有关民事法律尚有获得赔偿的权利的，有权提出赔偿要求。

（6）从业人员在作业过程中，应当严格落实岗位安全责任，遵守本单位的安全生产规章制度和操作规程，服从管理，正确佩戴和使用劳动防护用品。

（7）从业人员应当接受安全生产教育和培训，掌握本职工作所需的安全生产知识，提高安全生产技能，增强事故预防和应急处理能力。

（8）从业人员发现事故隐患或者其他不安全因素，应当立即向现场安全生产管理人员或者本单位负责人报告。接到报告的人员应当及时予以处理。

（9）生产经营单位使用被派遣劳动者的，被派遣劳动者享有本法规定的从业人员的权利，并应当履行本法规定的从业人员的义务。

三、生产安全事故的应急救援与调查处理

（1）生产经营单位应当制定本单位生产安全事故应急救援预案，与所在地县级以上地方人民政府组织制定的生产安全事故应急救援预案相衔接，并定期组织演练。

（2）危险物品的生产、经营、储存单位以及矿山、金属冶炼、城市轨道交通运营、建筑施工单位应当建立应急救援组织。生产经营规模较小的，可以不建立应急救援组织，但应当指定兼职的应急救援人员。

危险物品的生产、经营、储存、运输单位以及矿山、金属冶炼、城市轨道交通运营、建筑施工单位应当配备必要的应急救援器材、设备和物资，并进行经常性维护、保养，保证正常运转。

（3）生产经营单位发生生产安全事故后，事故现场有关人员应当立即报告本单位负责人。

单位负责人接到事故报告后，应当迅速采取有效措施，组织抢救，防止事故扩大，减少人员伤亡和财产损失，并按照国家有关规定立即如实报告当地负有安全生产监督管理职责的部门，不得隐瞒不报、谎报或者迟报，不得故意破坏事故现场、毁灭有关证据。

（4）负有安全生产监督管理职责的部门接到事故报告后，应当立即按照国家有关规定上报事故情况。负有安全生产监督管理职责的部门和有关地方人民政府对事故情况不得隐瞒不报、谎报或者迟报。

（5）有关地方人民政府和负有安全生产监督管理职责的部门的负责人接到生产安全事故报告后，应当按照生产安全事故应急救援预案的要求立即赶到事故现场，组织事故抢救。

参与事故抢救的部门和单位应当服从统一指挥，加强协同联动，采取有效的应急救援措施，并根据事故救援的需要采取警戒、疏散等措施，防止事故扩大和次生灾害的发生，减少人员伤亡和财产损失。

事故抢救过程中应当采取必要措施，避免或者减少对环境造成的危害。

任何单位和个人都应当支持、配合事故抢救，并提供一切便利条件。

（6）事故调查处理应当按照科学严谨、依法依规、实事求是、注重实效的原则，及时、准确地查清事故原因，查明事故性质和责任，评估应急处置工作，总结事故教训，提出整改措施，并对事故责任单位和人员提出处理建议。事故调查报告应当依法及时向社会公布。事故调查和处理的具体办法由国务院制定。

事故发生单位应当及时全面落实整改措施，负有安全生产监督管理职责的部门应当加强监督检查。

负责事故调查处理的国务院有关部门和地方人民政府应当在批复事故调查报告后一年内，组织有关部门对事故整改和防范措施落实情况进行评估，并及时向社会公开评估结果。对不履行职责导致事故整改和防范措施没有落实的有关单位和人员，应当按照有关规定追究责任。

（7）任何单位和个人不得阻挠和干涉对事故的依法调查处理。

四、法律责任

（1）生产经营单位的决策机构、主要负责人或者个人经营的投资人不依照本法规定保证安全生产所必需的资金投入，致使生产经营单位不具备安全生产条件的，责令限期改正，提供必需的资金。逾期未改正的，责令生产经营单位停产停业整顿。

有违法行为的，导致发生生产安全事故的，对生产经营单位的主要负责人给予撤职处分，对个人经营的投资人处两万元以上二十万元以下的罚款。构成犯罪的，依照刑法有关规定追究刑事责任。

（2）生产经营单位的主要负责人未履行本法规定的安全生产管理职责的，责令限期改正，处两万元以上五万元以下的罚款。逾期未改正的，处五万元以上十万元以下的罚款，责令生产经营单位停产停业整顿。

生产经营单位的主要负责人有前款违法行为，导致发生生产安全事故的，给予撤职处分。构成犯罪的，依照刑法有关规定追究刑事责任。

生产经营单位的主要负责人依照前款规定受刑事处罚或者撤职处分的，自刑罚执行完毕或者受处分之日起，五年内不得担任任何生产经营单位的主要负责人。对重大、特别重大生产安全事故负有责任的,终身不得担任本行业生产经营单位的主要负责人。

(3)生产经营单位的主要负责人未履行本法规定的安全生产管理职责,导致发生生产安全事故的,由应急管理部门依照下列规定处以罚款:①发生一般事故的,处上一年年收入百分之四十的罚款。②发生较大事故的,处上一年年收入百分之六十的罚款。③发生重大事故的,处上一年年收入百分之八十的罚款。④发生特别重大事故的,处上一年年收入百分之一百的罚款。

(4)生产经营单位的其他负责人和安全生产管理人员未履行本法规定的安全生产管理职责的,责令限期改正,处一万元以上三万元以下的罚款。导致发生生产安全事故的,暂停或者吊销其与安全生产有关的资格,并处上一年年收入百分之二十以上百分之五十以下的罚款。构成犯罪的,依照刑法有关规定追究刑事责任。

(5)生产经营单位有下列行为之一的,责令限期改正,处十万元以下的罚款。逾期未改正的,责令停产停业整顿,并处十万元以上二十万元以下的罚款,对其直接负责的主管人员和其他直接责任人员处两万元以上五万元以下的罚款:①未按照规定设置安全生产管理机构或者配备安全生产管理人员、注册安全工程师的。②危险物品的生产、经营、储存、装卸单位以及矿山、金属冶炼、建筑施工、运输单位的主要负责人和安全生产管理人员未按照规定经考核合格的。③未按照规定对从业人员、被派遣劳动者、实习学生进行安全生产教育和培训,或者未按照规定如实告知有关的安全生产事项的。④未如实记录安全生产教育和培训情况的。⑤未将事故隐患排查治理情况如实记录或者未向从业人员通报的。⑥未按照规定制定生产安全事故应急救援预案或者未定期组织演练的。⑦特种作业人员未按照规定经专门的安全作业培训并取得相应资格,上岗作业的。

(6)生产经营单位有下列行为之一的,责令停止建设或者停产停业整顿,限期改正,并处十万元以上五十万元以下的罚款,对其直接负责的主管人员和其他直接责任人员处两万元以上五万元以下的罚款。逾期未改正的,处五十万元以上一百万元以下的罚款,对其直接负责的主管人员和其他直接责任人员处五万元以上十万元以下的罚款。构成犯罪的,依照刑法有关规定追究刑事责任:①未按照规定对矿山、金属冶炼建设项目或者用于生产、储存、装卸危险物品的建设项目进行安全评价的。②矿山、金属冶炼建设项目或者用于生产、储存、装卸危险物品的建设项目没有安全设施设计或者安全设施设计未按照规定报经有关部门审查同意的。③矿山、金属冶炼建设项目或者用于生产、储存、装卸危险物品的建设项目的施工单位未按照批准的安全设施设计施工的。④矿山、金属冶炼建设项目或者用于生产、储存、装卸危险物品的建设项目竣工投入生产或者使用前,安全设施未经验收合格的。

(7)生产经营单位有下列行为之一的,责令限期改正,处五万元以下的罚款。逾期未改正的,处五万元以上二十万元以下的罚款,对其直接负责的主管人员和其他直接责任人员处一万元以上两万元以下的罚款。情节严重的,责令停产停业整顿。构成犯罪的,依照刑法有关规定追究刑事责任:①未在有较大危险因素的生产经营场所和有关设施、设备上设置明显的安全警示标志的。②安全设备的安装、使用、检测、改造和报废不符合国家标准或者行业标准的。③未对安全设备进行经常性维护、保养和定期检测的。④关闭、破坏直接关系生产安全的监控、报警、防护、救生设备、设施,或者篡改、隐瞒、销毁其相关数据、信息的。⑤未为从业人员提供符合国家标准或者行业标准的劳动防护用品的。⑥危险物品的容器、运输工具,以及涉及人身安全、危险性较大的海洋石油开采特种设备和矿山井下特种设备未经具有专业资质的机构检测、检验合格,取得安全使用证或者安全标志,投入使用的。⑦使用应当淘汰的危及生产安全的工艺、设备的。

(8)未经依法批准,擅自生产、经营、运输、储存、使用危险物品或者处置废弃危险物品的,依照有关危险物品安全管理的法律、行政法规的规定予以处罚。构成犯罪的,依照刑法有关规定追究刑事责任。

(9)生产经营单位有下列行为之一的,责令限期改正,处十万元以下的罚款。逾期未改正的,责令停产停业整顿,并处十万元以上二十万元以下的罚款,对其直接负责的主管人员和其他直接责任人员处两万元以上五万元以下的罚款。构成犯罪的,依照刑法有关规定追究刑事责任:①生产、经营、运输、储存、使用危险物品或者处置废弃危险物品,未建立专门安全管理制度、未采取可靠的安全措施的。②对重大危险源未登记建档,未进行定期检测、评估、监控,未制定应急预案,或者未告知应急措施的。③进行爆破、吊装、动火、临时用电以及国务院应急管理部门会同国务院有关部门规定的其他危险作业，未安排专门人员进行现场安全管理的。④未建立安全风险分级管控制度或者未按照安全风险分级采取相应管控措施的。⑤未建立事故隐患排查治理制度，或者重大事故隐患排查治理情况未按照规定报告的。

（10）生产经营单位未采取措施消除事故隐患的，责令立即消除或者限期消除，处五万元以下的罚款。生产经营单位拒不执行的，责令停产停业整顿，对其直接负责的主管人员和其他直接责任人员处五万元以上十万元以下的罚款。构成犯罪的，依照刑法有关规定追究刑事责任。

（11）生产经营单位将生产经营项目、场所、设备发包或者出租给不具备安全生产条件或者相应资质的单位或者个人的，责令限期改正，没收违法所得。违法所得十万元以上的，并处违法所得两倍以上五倍以下的罚款。没有违法所得或者违法所得不足十万元的，单处或者并处十万元以上二十万元以下的罚款。对其直接负责的主管人员和其他直接责任人员处一万元以上两万元以下的罚款。导致发生生产安全事故给他人造成损害的，与承包方、承租方承担连带赔偿责任。

生产经营单位未与承包单位、承租单位签订专门的安全生产管理协议或者未在承包合同、租赁合同中明确各自的安全生产管理职责，或者未对承包单位、承租单位的安全生产统一协调、管理的，责令限期改正，处五万元以下的罚款，对其直接负责的主管人员和其他直接责任人员处一万元以下的罚款。逾期未改正的，责令停产停业整顿。

矿山、金属冶炼建设项目和用于生产、储存、装卸危险物品的建设项目的施工单位未按照规定对施工项目进行安全管理的，责令限期改正，处十万元以下的罚款，对其直接负责的主管人员和其他直接责任人员处两万元以下的罚款。逾期未改正的，责令停产停业整顿。以上施工单位倒卖、出租、出借、挂靠或者以其他形式非法转让施工资质的，责令停产停业整顿，吊销资质证书，没收违法所得。违法所得十万元以上的，并处违法所得两倍以上五倍以下的罚款，没有违法所得或者违法所得不足十万元的，单处或者并处十万元以上二十万元以下的罚款。对其直接负责的主管人员和其他直接责任人员处五万元以上十万元以下的罚款。构成犯罪的，依照刑法有关规定追究刑事责任。

（12）两个以上生产经营单位在同一作业区域内进行可能危及对方安全生产的生产经营活动，未签订安全生产管理协议或者未指定专职安全生产管理人员进行安全检查与协调的，责令限期改正，处五万元以下的罚款，对其直接负责的主管人员和其他直接责任人员处一万元以下的罚款。逾期未改正的，责令停产停业。

（13）生产经营单位有下列行为之一的，责令限期改正，处五万元以下的罚款，对其直接负责的主管人员和其他直接责任人员处一万元以下的罚款。逾期未改正的，责令停产停业整顿。构成犯罪的，依照刑法有关规定追究刑事责任：①生产、经营、储存、使用危险物品的车间、商店、仓库与员工宿舍在同一座建筑内，或者与员工宿舍的距离不符合安全要求的。②生产经营场所和员工宿舍未设有符合紧急疏散需要、标志明显、保持畅通的出口、疏散通道，或者占用、锁闭、封堵生产经营场所或者员工宿舍出口、疏散通道的。

（14）生产经营单位与从业人员订立协议，免除或者减轻其对从业人员因生产安全事故伤亡依法应承担的责任的，该协议无效。对生产经营单位的主要负责人、个人经营的投资人处两万元以上十万元以下的罚款。

（15）生产经营单位的从业人员不落实岗位安全责任，不服从管理，违反安全生产规章制度或者操作规程的，由生产经营单位给予批评教育，依照有关规章制度给予处分。构成犯罪的，依照刑法有关规定追究刑事责任。

（16）违反本法规定，生产经营单位拒绝、阻碍负有安全生产监督管理职责的部门依法实施监督检查的，责令改正。拒不改正的，处两万元以上二十万元以下的罚款。对其直接负责的主管人员和其他直接责任人员处一万元以上两万元以下的罚款。构成犯罪的，依照刑法有关规定追究刑事责任。

（17）高危行业、领域的生产经营单位未按照国家规定投保安全生产责任保险的，责令限期改正，处五万元以上十万元以下的罚款。逾期未改正的，处十万元以上二十万元以下的罚款。

（18）生产经营单位的主要负责人在本单位发生生产安全事故时，不立即组织抢救或者在事故调查处理期间擅离职守或者逃匿的，给予降级、撤职的处分，并由应急管理部门处上一年年收入百分之六十至百分之一百的罚款。对逃匿的处十五日以下拘留。构成犯罪的，依照刑法有关规定追究刑事责任。

生产经营单位的主要负责人对生产安全事故隐瞒不报、谎报或者迟报的，依照前款规定处罚。

（19）生产经营单位存在下列情形之一的，负有安全生产监督管理职责的部门应当提请地方人民政府予以关闭，有关部门应当依法吊销其有关证照。生产经营单位主要负责人五年内不得担任任何生产经营单位的主要负责人。情节严重的，终身不得担任本行业生产经营单位的主要负责人：①存在重大事故隐患，一百八十日内三次或者一年内四次受到本法规定的行政处罚的。②经停产停业整顿，仍不具备法律、行政法规和国家标准或者行业标准规定的安全生产条件的。③不具备法律、行政法规和国家标准或者行业标准规定的安全生产条件，导致发生重大、特别重大生产安全事故的。④拒不执行负有安全生产监督管理职责的部门作出的停产停业整顿决定的。

（20）发生生产安全事故，对负有责任的生产经营单位除要求其依法承担相应的赔偿等责任外，由应急管理部门依照下列规定处以罚款：①发生一般事故的，处三十万元以上一百万元以下的罚款。②发生较大事故的，处一百万元以上两百万元以下的罚款。③发生重大事故的，处两百万元以上一千万元以下的罚款。④发生特别重大事故的，处一千万元以上两千万元以下的罚款。

发生生产安全事故，情节特别严重、影响特别恶劣的，应急管理部门可以按照前款罚款数额的两倍以上五倍以下对负有责任的生产经营单位处以罚款。

（21）生产经营单位发生生产安全事故造成人员伤亡、他人财产损失的，应当依法承担赔偿责任。拒不承担或者其负责人逃匿的，由人民法院依法强制执行。

生产安全事故的责任人未依法承担赔偿责任，经人民法院依法采取执行措施后，仍不能对受害人给予足额赔偿的，应当继续履行赔偿义务。受害人发现责任人有其他财产的，可以随时请求人民法院执行。

第三节 《中华人民共和国网络安全法》相关知识

为了保障网络安全，维护网络空间主权和国家安全、社会公共利益，保护公民、法人和其他组织的合法权益，促进经济社会信息化健康发展，制定《中华人民共和国网络安全法》（以下简称《网络安全法》）。

国家保护公民、法人和其他组织依法使用网络的权利，促进网络接入普及，提升网络服务水平，为社会提供安全、便利的网络服务，保障网络信息依法有序自由流动。

一、网络运行安全

（一）一般规定

（1）国家实行网络安全等级保护制度。网络运营者应当按照网络安全等级保护制度的要求，履行下列安全保护义务，保障网络免受干扰、破坏或者未经授权的访问，防止网络数据泄露或者被窃取、篡改：①制定内部安全管理制度和操作规程，确定网络安全负责人，落实网络安全保护责任。②采取防范计算机病毒和网络攻击、网络侵入等危害网络安全行为的技术措施。③采取监测、记录网络运行状态、网络安全事件的技术措施，并按照规定留存相关的网络日志不少于六个月。④采取数据分类、重要数据备份和加密等措施。⑤法律、行政法规规定的其他义务。

（2）网络产品、服务应当符合相关国家标准的强制性要求。网络产品、服务的提供者不得设置恶意程序。发现其网络产品、服务存在安全缺陷、漏洞等风险时，应当立即采取补救措施，按照规定及时告知用户并向有关主管部门报告。

网络产品、服务的提供者应当为其产品、服务持续提供安全维护。在规定或者当事人约定的期限内，不得终止提供安全维护。

网络产品、服务具有收集用户信息功能的，其提供者应当向用户明示并取得同意。涉及用户个人信息的，还应当遵守本法和有关法律、行政法规关于个人信息保护的规定。

（3）网络关键设备和网络安全专用产品应当按照相关国家标准的强制性要求，由具备资格的机构安全认证合格或者安全检测符合要求后，方可销售或者提供。国家网信部门会同国务院有关部门制定、公布网络关键设备和网络安全专用产品目录，并推动安全认证和安全检测结果互认，避免重复认证、检测。

（4）网络运营者为用户办理网络接入、域名注册服务，办理固定电话、移动电话等入网手续，或者为用户提供信息发布、即时通信等服务，在与用户签订协议或者确认提供服务时，应当要求用户提供真实身份信息。用户不提供真实身份信息的，网络运营者不得为其提供相关服务。

国家实施网络可信身份战略，支持研究开发安全、方便的电子身份认证技术，推动不同电子身份认证之间的互认。

（5）网络运营者应当制定网络安全事件应急预案，及时处置系统漏洞、计算机病毒、网络攻击、网络侵入等安全风险。在发生危害网络安全的事件时，立即启动应急预案，采取相应的补救措施，并按照规定向有关主管部门报告。

（6）开展网络安全认证、检测、风险评估等活动，向社会发布系统漏洞、计算机病毒、网络攻击、网络侵入等网络安全信息，应当遵守国家有关规定。

（7）任何个人和组织不得从事非法侵入他人网络、干扰他人网络正常功能、窃取网络数据等危害网络安全的活动。不得提供专门用于从事侵入网络、干扰网络正常功能及防护措施、窃取网络数据等危害网络安全活动的程序、工具。明知他人从事危害网络安全的活动的，不得为其提供技术支持、广告推广、支付结算等帮助。

（8）网络运营者应当为公安机关、国家安全机关依法维护国家安全和侦查犯罪的活动提供技术支持和协助。

（9）国家支持网络运营者之间在网络安全信息收集、分析、通报和应急处置等方面进行合作，提高网络运营者的安全保障能力。

有关行业组织建立健全本行业的网络安全保护规范和协作机制，加强对网络安全风险的分析评估，定期向会员进行风险警示，支持、协助会员应对网络安全风险。

（二）关键信息基础设施的运行安全

（1）国家对公共通信和信息服务、能源、交通、水利、金融、公共服务、电子政务等重要行业和领域，以及其他一旦遭到破坏、丧失功能或者数据泄露，可能严重危害国家安全、国计民生、公共利益的关键信息基础设施，在网络安全等级保护制度的基础上，实行重点保护。关键信息基础设施的具体范围和安全保护办法由国务院制定。

国家鼓励关键信息基础设施以外的网络运营者自愿参与关键信息基础设施保护体系。

（2）按照国务院规定的职责分工，负责关键信息基础设施安全保护工作的部门分别编制并组织实施本行业、本领域的关键信息基础设施安全规划，指导和监督关键信息基础设施运行安全保护工作。

（3）建设关键信息基础设施应当确保其具有支持业务稳定、持续运行的性能，并保证安全技术措施同步规划、同步建设、同步使用。

（4）关键信息基础设施的运营者还应当履行下列安全保护义务：①设置专门安全管理机构和安全管理负责人，并对该负责人和关键岗位的人员进行安全背景审查。②定期对从业人员进行网络安全教育、技术培训和技能考核。③对重要系统和数据库进行容灾备份。④制定网络安全事件应急预案，并定期进行演练。⑤法律、行政法规规定的其他义务。

（5）关键信息基础设施的运营者采购网络产品和服务，可能影响国家安全的，应当通过国家网信部门会同国务院有关部门组织的国家安全审查。

（6）关键信息基础设施的运营者采购网络产品和服务，应当按照规定与提供者签订安全保密协议，明确安全和保密义务与责任。

（7）关键信息基础设施的运营者在中华人民共和国境内运营中收集和产生的个人信息和重要数据应当在境内存储。因业务需要，确需向境外提供的，应当按照国家网信部门会同国务院有关部门制定的办法进行安全评估。法律、行政法规另有规定的，依照其规定。

（8）关键信息基础设施的运营者应当自行或者委托网络安全服务机构对其网络的安全性和可能存在的风险每年至少进行一次检测评估，并将检测评估情况和改进措施报送相关负责关键信息基础设施安全保护工作的部门。

（9）国家网信部门应当统筹协调有关部门对关键信息基础设施的安全保护采取下列措施：①对关键信息基础设施的安全风险进行抽查检测，提出改进措施，必要时可以委托网络安全服务机构对网络存在的安全风险进行检测评估。②定期组织关键信息基础设施的运营者进行网络安全应急演练，提高应对网络安全事件的水平和协同配合能力。③促进有关部门、关键信息基础设施的运营者以及有关研究机构、网络安全服务机构等之间的网络安全信息共享。④对网络安全事件的应急处置与网络功能的恢复等，提供技术支持和协助。

二、网络信息安全

（1）网络运营者应当对其收集的用户信息严格保密，并建立健全用户信息保护制度。

（2）网络运营者收集、使用个人信息，应当遵循合法、正当、必要的原则，公开收集、使用规则，明示收集、使用信息的目的、方式和范围，并经被收集者的同意。

网络运营者不得收集与其提供的服务无关的个人信息，不得违反法律、行政法规的规定和双方的约定收集、使用个人信息，并应当依照法律、行政法规的规定和与用户的约定，处理其保存的个人信息。

（3）网络运营者不得泄露、篡改、毁损其收集的个人信息。未经被收集者同意，不得向他人提供个人信息。但是，经过处理无法识别特定个人且不能复原的除外。

网络运营者应当采取技术措施和其他必要措施，确保其收集的个人信息安全，防止信息泄露、毁损、丢失。在发生或者可能发生个人信息泄露、毁损、丢失的情况时，应当立即采取补救措施，按照规定及时告知用户并向有关主管部门报告。

（4）个人发现网络运营者违反法律、行政法规的规定或者双方的约定收集、使用其个人信息的，有权要求网络运营者删除其个人信息。发现网络运营者收集、存储的其个人信息有错误的，有权要求网络运营者予以更正。网络运营者应当采取措施予以删除或者更正。

（5）任何个人和组织不得窃取或者以其他非法方式获取个人信息，不得非法出售或者非法向他人提供个人信息。

（6）依法负有网络安全监督管理职责的部门及其工作人员，必须对在履行职责中知悉的个人信息、隐私和商业秘密严格保密，不得泄露、出售或者非法向他人提供。

（7）任何个人和组织应当对其使用网络的行为负责，不得设立用于实施诈骗，传授犯罪方法，制作或者销售违禁物品、管制物品等违法犯罪活动的网站、通信群组，不得利用网络发布涉及实施诈骗，制作或者销售违禁物品、管制物品以及其他违法犯罪活动的信息。

（8）网络运营者应当加强对其用户发布的信息的管理，发现法律、行政法规禁止发布或者传输的信息的，应当立即停止传输该信息，采取消除等处置措施，防止信息扩散，保存有关记录，并向有关主管部门报告。

（9）任何个人和组织发送的电子信息、提供的应用软件，不得设置恶意程序，不得含有法律、行政法规禁止发布或者传输的信息。

电子信息发送服务提供者和应用软件下载服务提供者，应当履行安全管理义务，知道其用户有前款规定行为的，应当停止提供服务，采取消除等处置措施，保存有关记录，并向有关主管部门报告。

（10）网络运营者应当建立网络信息安全投诉、举报制度，公布投诉、举报方式等信息，及时受理并处理有关网络信息安全的投诉和举报。

网络运营者对网信部门和有关部门依法实施的监督检查，应当予以配合。

三、监测预警与应急处置

（1）负责关键信息基础设施安全保护工作的部门，应当建立健全本行业、本领域的网络安全监测预警和信息通报制度，并按照规定报送网络安全监测预警信息。

（2）国家网信部门协调有关部门建立健全网络安全风险评估和应急工作机制，制定网络安全事件应急预案，并定期组织演练。

负责关键信息基础设施安全保护工作的部门应当制定本行业、本领域的网络安全事件应急预案,并定期组织演练。

网络安全事件应急预案应当按照事件发生后的危害程度、影响范围等因素对网络安全事件进行分级,并规定相应的应急处置措施。

(3)发生网络安全事件,应当立即启动网络安全事件应急预案,对网络安全事件进行调查和评估,要求网络运营者采取技术措施和其他必要措施,消除安全隐患,防止危害扩大,并及时向社会发布与公众有关的警示信息。

四、法律责任

(1)网络运营者不履行法律规定的网络安全保护义务的,由有关主管部门责令改正,给予警告。拒不改正或者导致危害网络安全等后果的,处一万元以上十万元以下罚款,对直接负责的主管人员处五千元以上五万元以下罚款。

关键信息基础设施的运营者不履行法律规定的网络安全保护义务的,由有关主管部门责令改正,给予警告。拒不改正或者导致危害网络安全等后果的,处十万元以上一百万元以下罚款,对直接负责的主管人员处一万元以上十万元以下罚款。

(2)违反本法相关规定,有下列行为之一的,由有关主管部门责令改正,给予警告。拒不改正或者导致危害网络安全等后果的,处五万元以上五十万元以下罚款,对直接负责的主管人员处一万元以上十万元以下罚款:①设置恶意程序的。②对其产品、服务存在的安全缺陷、漏洞等风险未立即采取补救措施,或者未按照规定及时告知用户并向有关主管部门报告的。③擅自终止为其产品、服务提供安全维护的。

(3)网络运营者违反本法相关规定,未要求用户提供真实身份信息,或者对不提供真实身份信息的用户提供相关服务的,由有关主管部门责令改正。拒不改正或者情节严重的,处五万元以上五十万元以下罚款,并可以由有关主管部门责令暂停相关业务、停业整顿、关闭网站、吊销相关业务许可证或者吊销营业执照,对直接负责的主管人员和其他直接责任人员处一万元以上十万元以下罚款。

(4)违反本法相关规定,开展网络安全认证、检测、风险评估等活动,或者向社会发布系统漏洞、计算机病毒、网络攻击、网络侵入等网络安全信息的,由有关主管部门责令改正，给予警告。拒不改正或者情节严重的，处一万元以上十万元以下罚款，并可以由有关主管部门责令暂停相关业务、停业整顿、关闭网站、吊销相关业务许可证或者吊销营业执照，对直接负责的主管人员和其他直接责任人员处五千元以上五万元以下罚款。

（5）违反本法网络信息安全第（7）条相关规定，从事危害网络安全的活动，或者提供专门用于从事危害网络安全活动的程序、工具，或者为他人从事危害网络安全的活动提供技术支持、广告推广、支付结算等帮助，尚不构成犯罪的，由公安机关没收违法所得，处五日以下拘留，可以并处五万元以上五十万元以下罚款。情节较重的，处五日以上十五日以下拘留，可以并处十万元以上一百万元以下罚款。

单位有前款行为的，由公安机关没收违法所得，处十万元以上一百万元以下罚款，并对直接负责的主管人员和其他直接责任人员依照前款规定处罚。

违反本法相关规定，受到治安管理处罚的人员，五年内不得从事网络安全管理和网络运营关键岗位的工作。受到刑事处罚的人员，终身不得从事网络安全管理和网络运营关键岗位的工作。

（6）网络运营者、网络产品或者服务的提供者违反本法规定，侵害个人信息依法得到保护的权利的，由有关主管部门责令改正，可以根据情节单处或者并处警告、没收违法所得、处违法所得一倍以上十倍以下罚款，没有违法所得的，处一百万元以下罚款，对直接负责的主管人员和其他直接责任人员处一万元以上十万元以下罚款。情节严重的，可以责令暂停相关业务、停业整顿、关闭网站、吊销相关业务许可证或者吊销营业执照。

违反本法相关规定，窃取或者以其他非法方式获取、非法出售或者非法向他人提供个人信息，尚不构成犯罪的，由公安机关没收违法所得，并处违法所得一倍以上十倍以下罚款，没有违法所得的，处一百万元以下罚款。

（7）关键信息基础设施的运营者违反本法规定，使用未经安全审查或者安全审查未通过的网络产品或者服务的，由有关主管部门责令停止使用，处采购金额一倍以上十倍以下罚款。对直接负责的主管人员和其他直接责任人员处一万元以上十万元以下罚款。

（8）关键信息基础设施的运营者违反本法规定，在境外存储网络数据，或者向境外提供网络数据的，由有关主管部门责令改正，给予警告，没收违法所得，处五万元以上五十万元以下罚款，并可以责令暂停相关业务、停业整顿、关闭网站、吊销相关业务许可证或者吊销营业执照。对直接负责的主管人员和其他直接责任人员处一万元以上十万元以下罚款。

（9）违反本法网络信息安全第（7）条相关规定，设立用于实施违法犯罪活动的网站、通信群组，或者利用网络发布涉及实施违法犯罪活动的信息，尚不构成犯罪的，由公安机关处五日以下拘留，可以并处一万元以上十万元以下罚款。情节较重的，处五日以上十五日以下拘留，可以并处五万元以上五十万元以下罚款。关闭用于实施违法犯罪活动的网站、通信群组。

单位有前款行为的，由公安机关处十万元以上五十万元以下罚款，并对直接负责的主管人员和其他直接责任人员依照前款规定处罚。

（10）网络运营者违反本法相关规定，对法律、行政法规禁止发布或者传输的信息未停止传输、采取消除等处置措施、保存有关记录的，由有关主管部门责令改正，给予警告，没收违法所得。拒不改正或者情节严重的，处十万元以上五十万元以下罚款，并可以责令暂停相关业务、停业整顿、关闭网站、吊销相关业务许可证或者吊销营业执照，对直接负责的主管人员和其他直接责任人员处一万元以上十万元以下罚款。

（11）网络运营者违反本法相关规定，有下列行为之一的，由有关主管部门责令改正。拒不改正或者情节严重的，处五万元以上五十万元以下罚款，对直接负责的主管人员和其他直接责任人员，处一万元以上十万元以下罚款：①不按照有关部门的要求对法律、行政法规禁止发布或者传输的信息，采取停止传输、消除等处置措施的。②拒绝、阻碍有关部门依法实施的监督检查的。③拒不向公安机关、国家安全机关提供技术支持和协助的。

（12）违反本法规定，给他人造成损害的，依法承担民事责任。

违反本法规定，构成违反治安管理行为的，依法给予治安管理处罚。构成犯罪的，依法追究刑事责任。

第四节 《中华人民共和国数据安全法》相关知识

《中华人民共和国数据安全法》(以下简称《数据安全法》)明确数据安全主管机构的监管职责,建立健全数据安全协同治理体系,提高数据安全保障能力,促进数据出境安全和自由流动,促进数据开发利用,保护个人、组织的合法权益,维护国家主权、安全和发展利益,让数据安全有法可依、有章可循,为数字化经济的安全健康发展提供了有力支撑。

一、数据安全制度

(1)国家建立数据分类分级保护制度,根据数据在经济社会发展中的重要程度,以及一旦遭到篡改、破坏、泄露或者非法获取、非法利用,对国家安全、公共利益或者个人、组织合法权益造成的危害程度,对数据实行分类分级保护。国家数据安全工作协调机制统筹协调有关部门制定重要数据目录,加强对重要数据的保护。

关系国家安全、国民经济命脉、重要民生、重大公共利益等数据属于国家核心数据,实行更加严格的管理制度。

(2)国家建立集中统一、高效权威的数据安全风险评估、报告、信息共享、监测预警机制。国家数据安全工作协调机制统筹协调有关部门加强数据安全风险信息的获取、分析、研判、预警工作。

(3)国家建立数据安全应急处置机制。发生数据安全事件,有关主管部门应当依法启动应急预案,采取相应的应急处置措施,防止危害扩大,消除安全隐患,并及时向社会发布与公众有关的警示信息。

（4）国家建立数据安全审查制度，对影响或者可能影响国家安全的数据处理活动进行国家安全审查。

依法作出的安全审查决定为最终决定。

（5）国家对与维护国家安全和利益、履行国际义务相关的属于管制物项的数据依法实施出口管制。

（6）任何国家或者地区在与数据和数据开发利用技术等有关的投资、贸易等方面对中华人民共和国采取歧视性的禁止、限制或者其他类似措施的，中华人民共和国可以根据实际情况对该国家或者地区对等采取措施。

二、数据安全保护义务

（1）开展数据处理活动应当依照法律、法规的规定，建立健全全流程数据安全管理制度，组织开展数据安全教育培训，采取相应的技术措施和其他必要措施，保障数据安全。利用互联网等信息网络开展数据处理活动，应当在网络安全等级保护制度的基础上，履行数据安全保护义务。

重要数据的处理者应当明确数据安全负责人和管理机构，落实数据安全保护责任。

（2）开展数据处理活动以及研究开发数据新技术，应当有利于促进经济社会发展，增进人民福祉，符合社会公德和伦理。

（3）开展数据处理活动应当加强风险监测，发现数据安全缺陷、漏洞等风险时，应当立即采取补救措施。发生数据安全事件时，应当立即采取处置措施，按照规定及时告知用户并向有关主管部门报告。

（4）重要数据的处理者应当按照规定对其数据处理活动定期开展风险评估，并向有关主管部门报送风险评估报告。

风险评估报告应当包括处理的重要数据的种类、数量，开展数据处理活动的情况，面临的数据安全风险及其应对措施等。

（5）关键信息基础设施的运营者在中华人民共和国境内运营中收集和产生的重要数据的出境安全管理，适用《网络安全法》的规定。其他数据处理者在中华人民共和国境内运营中收集和产生的重要数据的出境安全管理办法，由国家网信部门会同国务院有关部门制定。

（6）任何组织、个人收集数据，应当采取合法、正当的方式，不得窃取或者以其他非法方式获取数据。

法律、行政法规对收集、使用数据的目的、范围有规定的，应当在法律、行政法规规定的目的和范围内收集、使用数据。

（7）从事数据交易中介服务的机构提供服务，应当要求数据提供方说明数据来源，审核交易双方的身份，并留存审核、交易记录。

（8）法律、行政法规规定提供数据处理相关服务应当取得行政许可的，服务提供者应当依法取得许可。

（9）公安机关、国家安全机关因依法维护国家安全或者侦查犯罪的需要调取数据，应当按照国家有关规定，经过严格的批准手续，依法进行，有关组织、个人应当予以配合。

（10）中华人民共和国主管机关根据有关法律和中华人民共和国缔结或者参加的国际条约、协定，或者按照平等互惠原则，处理外国司法或者执法机构关于提供数据的请求。非经中华人民共和国主管机关批准，境内的组织、个人不得向外国司法或者执法机构提供存储于中华人民共和国境内的数据。

三、法律责任

（1）有关主管部门在履行数据安全监管职责中，发现数据处理活动存在较大安全风险的，可以按照规定的权限和程序对有关组织、个人进行约谈，并要求有关组织、个人采取措施进行整改，消除隐患。

（2）开展数据处理活动的组织、个人不履行法律规定的相关数据安全保护义务的，由有关主管部门责令改正，给予警告，可以并处五万元以上五十万元以下罚款，对直接负责的主管人员和其他直接责任人员可以处一万元以上十万元以下罚款。拒不改正或者造成大量数据泄露等严重后果的，处五十万元以上二百万元以下罚款，并可以责令暂停相关业务、停业整顿、吊销相关业务许可证或者吊销营业执照，对直接负责的主管人员和其他直接责任人员处五万元以上二十万元以下罚款。

违反国家核心数据管理制度，危害国家主权、安全和发展利益的，由有关主管部门处两百万元以上一千万元以下罚款，并根据情况责令暂停相关业务、停业整顿、吊销相关业务许可证或者吊销营业执照。构成犯罪的，依法追究刑事责任。

（3）违反法律相关规定，向境外提供重要数据的，由有关主管部门责令改正，给予警告，可以并处十万元以上一百万元以下罚款，对直接负责的主管人员和其他直接责任人员可以处一万元以上十万元以下罚款。情节严重的，处一百万元以上一千万元以下罚款，并可以责令暂停相关业务、停业整顿、吊销相关业务许可证或者吊销营业执照，对直接负责的主管人员和其他直接责任人员处十万元以上一百万元以下罚款。

（4）从事数据交易中介服务的机构未履行本法规定的相关义务的，由有关主管部门责令改正，没收违法所得，处违法所得一倍以上十倍以下罚款，没有违法所得或者违法所得不足十万元的，处十万元以上一百万元以下罚款，并可以责令暂停相关业务、停业整顿、吊销相关业务许可证或者吊销营业执照。对直接负责的主管人员和其他直接责任人员处一万元以上十万元以下罚款。

（5）违反本法相关规定，拒不配合数据调取的，由有关主管部门责令改正，给予警告，并处五万元以上五十万元以下罚款，对直接负责的主管人员和其他直接责任人员处一万元以上十万元以下罚款。

未经主管机关批准向外国司法或者执法机构提供数据的，由有关主管部门给予警告，可以并处十万元以上一百万元以下罚款，对直接负责的主管人员和其他直接责任人员可以处一万元以上十万元以下罚款。造成严重后果的，处一百万元以上五百万元以下罚款，并可以责令暂停相关业务、停业整顿、吊销相关业务许可证或者吊销营业执照，对直接负责的主管人员和其他直接责任人员处五万元以上五十万元以下罚款。

（6）国家机关不履行本法规定的数据安全保护义务的，对直接负责的主管人员和其他直接责任人员依法给予处分。

履行数据安全监管职责的国家工作人员玩忽职守、滥用职权、徇私舞弊的，依法给予处分。

（7）窃取或者以其他非法方式获取数据，开展数据处理活动排除、限制竞争，或者损害个人、组织合法权益的,依照有关法律、行政法规的规定处罚。

(8)违反本法规定,给他人造成损害的,依法承担民事责任。

构成违反治安管理行为的,依法给予治安管理处罚。构成犯罪的,依法追究刑事责任。

思考题

1. 谈谈你对《劳动法》的了解。
2. 劳动者拒绝违法超时加班安排,用人单位能否解除劳动合同?
3. 改建项目安全设施设计未按照规定报经安全生产监督管理部门审查同意,能否开工?
4. 储存使用危险化学品未采取安全措施、安全管理不到位,是否属于违法行为?
5. 从法律、法规角度出发,在生产生活中如何保障数据安全?

参考文献

[1] 何志苠，蔡晔敏，陈国明．电工与电子技术［M］．北京：北京邮电大学出版社，2016．

[2] 史仪凯．电工电子技术［M］．2版．北京：科学出版社，2014．

[3] 刘晓惠，辛永哲，侯晓音．电工与电子技术基础［M］．3版．北京：北京理工大学出版社，2019．

[4] 荣红梅．电工电子技术［M］．北京：北京理工大学出版社，2017．

[5] 谢宇，黄其祥．电工电子技术［M］．北京：北京理工大学出版社，2019．

[6] 方厚辉，谢胜曙．电子技术（电工学Ⅱ）［M］．2版．北京：北京邮电大学出版社，2012．

[7] 郝琳，詹跃明，张虹．传感器与应用技术［M］．武汉：华中科技大学出版社，2017．

[8] 洪慧慧，叶勇，封明亮．传感器技术及应用［M］．重庆：重庆大学出版社，2021．

[9] 刘昕，李国芹．传感器原理及应用技术［M］．北京：北京理工大学出版社，2019．

[10] 任彦硕．自动控制原理［M］．北京：机械工业出版社，2007．

[11] 吴杰，张先鹤．自动控制系统［M］．成都：电子科技大学出版社，2017．

[12] 加藤治彦．生产管理［M］．党蓓蓓，译．北京：东方出版社，2021．

［13］周舸．计算机网络技术基础［M］．5版．北京：人民邮电出版社，2018．

［14］鲜继清，李文娟，张媛，等．通信技术基础［M］．2版．北京：机械工业出版社，2015．

［15］王红梅．程序设计基础：从问题到程序［M］．3版．北京：清华大学出版社，2021．

［16］谭浩强．C程序设计［M］．4版．北京：清华大学出版社，2010．

［17］李爱萍，崔冬华，李东生．软件工程［M］．北京：人民邮电出版社，2014．

［18］王珊，萨师煊．数据库系统概论［M］．5版．北京：高等教育出版社，2014．

［19］秦秀媛，邢婷．数据库原理及应用［M］．成都：西南交通大学出版社，2016．

［20］陆国浩，朱建东，李街生．网络安全技术基础［M］．北京：清华大学出版社，2017．

［21］王述洋，黎粤华，胡艳英．信息与网络安全技术基础［M］．哈尔滨：东北林业大学出版社，2005．

［22］中国工业互联网研究院．工业互联网创新发展成效报告（2018—2021年）［Z］．2021．

［23］刘韵洁．工业互联网导论［M］．北京：中国科学技术出版社，2021．

［24］王建伟．工业赋能：深度剖析工业互联网时代的机遇和挑战［M］．2版．北京：人民邮电出版社，2021．

［25］工业互联网产业联盟．工业互联网标识解析：主动标识载体应用白皮书［Z］．2021．

［26］工业互联网产业联盟．工业互联网标识解析二级节点建设导则［Z］．2021．

［27］工业互联网产业联盟．工业互联网平台白皮书［Z］．2017．

［28］工业互联网产业联盟．工业互联网安全框架［Z］．2018．

［29］中国安全生产科学研究院．安全生产技术基础［M］．北京：应急管理出版社，2020．

［30］中国安全生产科学研究院. 安全生产管理［M］. 北京：应急管理出版社，2020.

［31］国家安全监督总局. 用人单位劳动防护用品管理规范［Z］. 2018.

［32］李洪. 职业健康与安全（理工科版）［M］. 北京：人民邮电出版社，2011.

［33］国家卫计委，全国总工会，等. 职业病分类和目录［Z］. 2013.

［34］田京城，缪娟，孟月丽. 环境保护与可持续发展［M］. 2版. 北京：化学工业出版社，2019.

［35］中华人民共和国劳动法［Z］. 2018.

［36］中华人民共和国安全生产法［Z］. 2021.

［37］中华人民共和国网络安全法［Z］. 2017.

［38］中华人民共和国数据安全法［Z］. 2021.

后 记

近年来,新一轮科技革命和产业变革快速发展。新一代信息技术发展与新工业革命形成历史性交汇,催生了工业互联网。当前,全球工业互联网正加速发展,世界主要发达国家均抢抓机遇,制定了一系列战略和具体政策,加大对工业互联网的投入布局,加快制造业数字化、智能化转型。

加快发展工业互联网,促进新一代信息技术与制造业深度融合,是顺应产业变革趋势,加快制造强国、网络强国建设的重要动力,是深化供给侧结构性改革、促进实体经济转型升级的关键抓手,也是实现"碳达峰、碳中和"目标,持续推进可持续发展的客观要求。

工业互联网是新一代信息通信技术与工业经济深度融合的新型基础设施、应用模式和工业生态,通过对人、机、物、系统等的全面连接,构建起覆盖全产业链、全价值链的全新制造和服务体系,为工业乃至产业数字化、网络化、智能化发展提供了实现途径,是第四次工业革命的重要基石。

2020年2月,《人力资源社会保障部办公厅 市场监管总局办公厅 统计局办公室关于发布智能制造工程技术人员等职业信息的通知》(人社厅发〔2020〕17号)正式将工业互联网工程技术人员列为新职业,并对职业定义及主要工作任务进行了系统性描述。为加快建设工业互联网高素质专业技术人才队伍,在充分考虑科技进步、社会经济发展和产业结构变化对工业互联网工程技术人员专业要求的基础上,以客观反映工业互联网发展水平及其对从业人员的专业能力要求为目标,根据《工业互联网工程技术人员国家职业技术技能标准（2021年版）》（以下简称《标准》），人力资源社会保障部专业技术人员管理司指导中国工业互联网研究院，组织有关专家开展了工业互联网工程技术人员培训教程（以下简称教程）的编写工作，用于全国专业技术人员新职业培训。

工业互联网工程技术人员是从事规划设计、技术研发、测试验证、工程实施、运营管理和运维服务等工作的工程技术人员，共分为三个专业技术等级，分别为初级、中级、高级。其中，初级不分职业方向，中级、高级均设工程应用、设计开发两个职业方向。

与此对应，教程也分为初级、中级、高级培训教程，分别对应其专业能力考核要求。另外，还有一本《工业互联网工程技术人员——工业互联网基础知识》，对应其理论知识考核要求。需要说明的是，《工业互联网工程技术人员——工业互联网基础知识》教程是各等级培训教程的基础。

在使用本系列教程开展培训时，应当结合培训目标与受训人员的实际水平和专业方向，选用合适的教程。在工业互联网工程技术人员各专业技术等级的培训中，《工业互联网工程技术人员——工业互联网基础知识》是初级、中级、高级工程技术人员都需要掌握的；中级、高级工业互联网工程技术人员培训中，可以根据培训目标与受训人员实际，选用培训教程。培训考核合格后，获得相应证书。

基础知识教程包含《工业互联网工程技术人员——工业互联网基础知识》，共1本。《工业互联网工程技术人员——工业互联网基础知识》一书内容涵盖从事本职业（初级、中级、高级，不分职业方向）人员所需具备的基础理论知识，是开展新职业技术技能培训的必备用书。

本教程适用于大学专科学历（或高等职业学校毕业）及以上，具有机械类、仪器类、电子信息类、自动化类、计算机类、工业工程类等工科专业学习背景，具有较强的学习能力、计算能力、表达能力和逻辑思维能力，参加全国专业技术人员新职业培训的人员。

工业互联网工程技术人员需按照本《标准》的职业要求参加有关课程培训，完成规定学时，取得学时证明。初级为90标准学时，中级、高级均为120标准学时。

后 记

本教程是在人力资源和社会保障部、工业和信息化部相关部门指导下，由中国工业互联网研究院组织编写，来自苏州大学、北京理工大学、清华大学、航天云网科技发展有限责任公司、中国信息通信研究院、上汽通用五菱技术中心、上海明材数字科技有限公司、徐工汉云技术股份有限公司、浪潮工业互联网股份有限公司、西门子（中国）有限公司、新华三技术有限公司等高校、企业的工业互联网领域的核心及专家参与了编写和审定，同时参考了多方面的文献，吸收了许多专家学者的研究成果，在此表示衷心感谢。

由于编者水平、经验与时间所限，本书的不足与疏漏之处在所难免，恳请广大读者批评与指正。

本书编委会

2022 年 5 月